KB057476

신개념한국명리학총서 7

풍수지리와
좋은 산소터 보기

(풍수지리·좋은 산소터)

정용빈 편저

📖 법문북스

머 리 말

동양의 역리(易理)철학이 다 그렇지만 우리 나라의 풍수지리(風水地理)는 동양의 역리사상(易理思想) 즉 음양오행론(陰陽五行論)을 수용하여 이론적으로 체계화되어 있다. 그러나 그 내용이 실로 방대하고 다양하여 풍수지리의 본질을 이해하기 위해서는 무엇보다 먼저 음양오행의 원리를 터득하지 못하면 풍수자연의 변화 이치를 습득하기가 매우 어렵다고 본다.

본시 음양오행의 개념은 우주와 자연이 우리 인간에게 미치는 영향을 설명한 이론이다. 이 음양오행론에 의하면 하늘과 인간과 자연은 한 가지의 기(氣)로 구성되어 있으며, 그 기(氣)는 전 우주 내에 빈틈없이 가득 차 우주 만물의 존재와 변화작용(變化作用)의 원천을 이루고 자연이나 인간을 포함한 모든 생명체의 근본은 한 가지의 기(氣)에 있다고 한다.

그리고 풍수지리는 이 음양오행론에 바탕을 두고 하늘과 땅 음양과 오행의 기(氣)를 혼일적(混一的)으로 합쳐진 혼융(混融)된 일기(一氣)로 보면서 곧 천기(天氣)가 하강(下降)한 것을 지기(地氣)라 하고 지기(地氣)가 상승(上昇)한 것을 천기(天氣)라 하며, 또한 음양(陰陽)의 기(氣)가 땅 속에 있을 때를 생기(生氣) 혹은 내기(內氣)라 이르고, 인간을 비롯한 삼라만상(森羅萬象)이 모두 이 생기(生氣)의 발로(發露)를 받아 생성(生成)된다고 한다. 그리고 이 우주의 생성과 모든 생명체의 근원적인 힘을 이루고 있

는 기(氣)는 항상 운동을 하면서 유동적으로 변화하고 있는데 이
러한 기의 모임과 흩어짐이 사물의 유형(有形), 무형(無形)을 형
성하고 기(氣)의 청탁(淸濁)이 만물의 생멸(生滅)과 성쇠(盛衰)
를 좌우한다고 보고 있다.

이래서 산(山)도 물(水)도 인간도 모두 기(氣)의 소산(所産)이
라 하며, 이 기(氣)의 작용에 의해서 형성된 산이나 물을 직접 관
찰하고 지기(地氣)의 소재(所在)와 상태 흐름 등을 공간적으로
측정하여 인간의 복리(福利)를 도모하고자 하는 것이 곧 풍수지
리(風水地理)의 학설이다.

원래 풍수지리학은 고대 중국에서부터 시작하여 한국과 일본 등
지에 널리 보급되어 도읍(都邑), 취락(聚落 : 마을), 주택(住宅),
사찰(寺刹 : 절), 분묘(墳墓) 등 그 위치를 선정하는데 널리 적용
하여 왔다.

특히 우리 나라는 예부터 숭조이념(崇祖理念)이 투철하여 누구
나 제각기 조상을 소중히 생각하고 명산길지(名山吉地)를 가려서
편안히 모시려는 효행사상(孝行思想)과 음양오행사상이 합쳐져
면면히 오늘에 이르고 있다.

그런데 현대 일부 학계에서는 풍수지리가 과연 과학이냐 혹은
미신(迷信)이냐 하는 논란도 분분하여 일부 학자는 "일고의 여지
도 없는 미신이다."라고 주장하면서 풍수사상을 미신으로 간주하
기도 하고, 또 일부 학자는 "중국과 우리 나라의 전통적 지리과학
이다."라고 주장하면서 풍수지리를 일종의 과학으로 간주함으로써
서로 크게 상반된 견해를 보여주고 있기도 하다. 그러나 여기에서
는 풍수지리가 과연 과학이냐 미신이야를 떠나서 조상 전래의 유
풍대로 부모의 유체(遺體)를 편안하게 좋은 명지(明地)를 가려서
잘 모시려는 자손된 마음을 조금이나마 덜어주기 위하여 필자의

사견은 배제하고 전래(傳來)의 학설과 제가의 여러 문헌을 한데 모아 누구나 알기 쉽게 편술하였으니 독자 여러분의 자가구산(自家求山)에 도움이 될 것으로 믿으며, 끝으로 동학 제현은 혹 흠이 있더라도 과책 마시고 양해와 고견을 베풀어 주셨으면 하는 마음 간절하다.

편저자 씀

光陵南麓一枝脈의 龍岩山에 치산된 애국지사 송은(松隱) 정충환(鄭忠煥) 선생의 묘역

우이동 오봉에서 바라본 북한산

문바위에서 내려다본 노치리 계곡. 뒤로 승주 조계산이 병풍을 두르고 있다

희양산 행룡 낙맥의 금성산

팔공산 서록 일지맥의 토성산

금산사 입구에서 본 수성산

어린이 대공원에서 본 관악산

현대 나침반(羅針盤)의 원형도

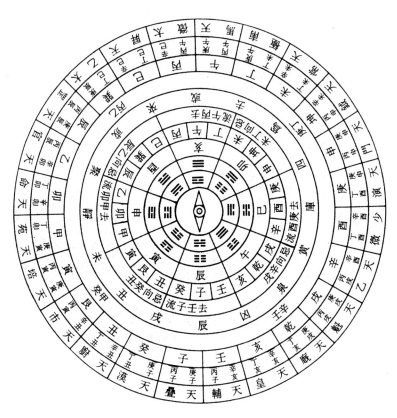

약해(略解)

중　　앙 : 언제 어디서나 항상 일정하게 남북을 가리키는 지남침(指南針)
제 1 선층 : 후천(後天) 문왕팔괘(文王八卦)
제 2 선층 : 선천(先天) 복희팔괘(伏羲八卦)
제 3 선층 : 팔요수(八曜水)
제 4 선층 : 정침(正針) 24방위(方位)
제 5 선층 : 충록황천(沖祿黃泉)
제 6 선층 : 사고황천(四庫黃泉)
제 7 선층 : 팔대황천수(八大黃泉水)
제 8 선층 : 봉침(縫針) 24방위(方位)
제 9 선층 : 24산 분금(分金)
제10선층 : 천상(天上) 24성좌(星座)

풍수지리의 국세도

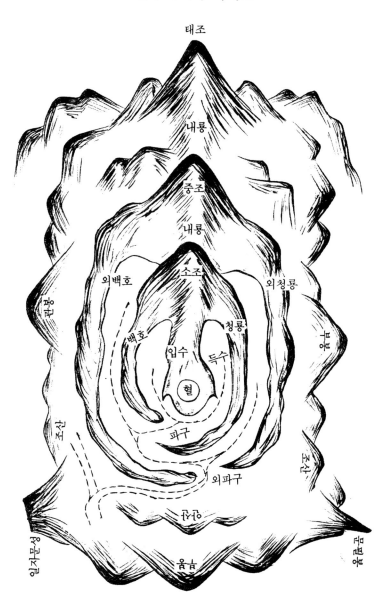

차　례

제 2 장 조종(祖宗)과 용맥(龍脈) • 49

제3장 심혈(尋穴)과 혈상(穴相) • 87

● 차 례 ────────────────────────────

제 4 장　바람과 물, 사격(砂格) ● 137

제 5 장　좌향(坐向)과 방위(方位) ● 157

18

제6장 장법(葬法)과 장지(葬地) ● 239

제 1 장
개요(概要)

개요(概要)

1. 풍수학의 유래(由來)

옛 문헌에 의하면 진(秦)나라 시대에 주선도(朱仙桃)라는 역리(易理)학자가 「수산기」(水山記)라는 책을 저술하여 여기에다 명당자리 보는 비법(秘法)을 밝혔는데 이것을 곧 「천오경」(天烏經)이라 한다. 그 이론이 너무나 신통하게 잘 맞아 들어가자 진(秦)나라 황실(皇室)에서는 이 책을 일반에게 공개하지 못하도록 엄명을 내리고 황실에서만 전용하다가 끝내는 주선도마저 죄를 씌워 죽였다고 한다. 그 이유는 이 책을 이용하여 왕이 나올만한 명당자리에다 일반이 묘를 쓰게 되면 왕통이 무너질까 염려되었기 때문이다.

그 후 진(秦)나라가 망하고 한(漢)나라 시대에 와서는 장자방(張子房)이 「천오경」을 본따서 「청낭정경」(青囊正經)이라는 책을 썼는데 이것도 황실에서만 적용하다가 끝에 가서는 「장자방」에게 누명을 씌워 죽게 했다 한다.

또한 당(唐)나라 시대에 와서는 「금낭경」(錦囊經)이라 하여 비단 주머니에 넣어 두고 역대 황제(皇帝)가 대대로 응용하면서 전수(傳受)하였기 때문에 일반에게는 그리 널리 알려지지 않았다고 한다. 그리고 황제의 명으로 "만에 하나 민간 중에서 임금이 태어

날 자리에 묘를 쓰면 구족(九族)까지 멸할 것이다.”라고 한 것이
오히려 일반의 호기심을 자아내게 하였다.

당(唐)나라 후기에 이르러서는 많은 도학자(道學者)와 석학(碩
學)들이 배출하여 목숨을 걸고 저마다 풍수지리를 연구 적립하여
많은 책을 써서 전파하게 되니 그 때부터 일반에게 널리 알려지게
되었다고 한다.

이와 같이 중국에서 역대에 걸쳐 전수되어 오던 풍수지리서가
우리 나라에도 고구려(高句麗)를 비롯하여 신라(新羅), 백제(百
濟)로 속속 도입되면서 유가(儒家)의 명사와 불가(佛家)의 도사
가 풍수지리에 관한 책들을 많이 읽고 연구를 거듭하게 되었는데,
특히 도선(道詵)같은 선사(禪士)는 우리 나라 전역을 답사(踏査)
하면서 그 산수(山水)의 지세(地勢)를 논술하였으니 한국 풍수
사상사에 학문적으로 체계화하고 정립시킨 그의 업적으로 치고
있다.

고려(高麗)시대에는 태조(太祖) 왕건(王建)이 왕권을 잡게 되
면서부터 풍수 학설과 서로 다른 미래를 예언한 도참(道讖) 사상
을 절충하여 모든 풍수 사상이 왕업(王業)의 연장으로 펼쳐졌으
며 왕실(王室)과 귀족(貴族)을 중심으로 한 풍수론이 전개되었다.

조선 시대의 풍수 사상은 고려 시대의 호국불교(護國佛敎)와는
달리 조상을 숭배하는 효도 이념을 바탕으로 한 유교(儒敎) 사상
을 배경으로 하여 왕실(王室)과 사대부(士大夫)뿐만 아니라 일반
대중에까지 널리 수용되면서 많은 풍수사(風水師)들이 전국을 답
사하고 국토내(國土內) 명당(明堂)을 기록한 「만산도」(萬山圖)와
「유산록」(遊山錄)같은 큰 업적을 남기기도 하였다.

이와 같이 풍수지리에 관한 연구가 활발해지자 일본(日本)에서
도 풍수지리의 비결을 신통히 여기게 되었으며, 우리 나라를 강제

점령했을 때는 풍수지리에 밝은 지관(地官)들을 대동하여 우리 나라의 명당 자리라는 곳을 찾아 다니면서 지맥(地脈)을 끊어 버리기도 하였다. 즉 장군(將軍)이 나온다는 명당 자리나 영웅적인 인물이 배출된다는 좋은 자리에는 쇠말뚝(鐵柱)을 박고 도로와 철도를 개설한다는 구실로 산허리를 자르면서 용맥(龍脈)을 파괴하였을 뿐만 아니라 국내 최고의 명당이었던 경복궁(景福宮)을 헐고 총독부(總督府 : 식민지 통치를 위한 최고 행정 기관) 청사를 세웠으며, 각 지방에는 지맥(地脈)을 끊는 주요 지점에 신사(神祀 : 일본 황실의 조상이나 신대(神代)의 신을 모신 사당)를 짓는 등 무도한 악행(惡行)을 서슴치 않았다.

이와 같이 우리 나라의 풍수지리는 삼국 시대로부터 고려(高麗), 이조(李朝)에 이르기까지 유가(儒家)의 명사(名士)와 불가(佛家)의 도사(道士)가 일맥 연관으로 상전(相傳)하고 석학들의 음양 산서(山書 : 산에 관한 글)와 각 지방의 무수한 전설은 만인의 관심을 끌고 대를 이어 유전되면서 그 뜨거운 바람이 현대 사회까지 전래(傳來)하여 오늘에 이르고 있다. 최근 고대사에 대한 관심이 높아지고 우리 것을 좀더 알자는 생각이 젊은 층에게 많아진 것은 대단히 좋은 현상이라 하겠다.

2. 지리(地理)와 풍수(風水)

지리(地理)란 만물(萬物)이 생성(生成)하는 산과 강, 바다와 물, 기후 등 땅의 생긴 모양과 그 형편(形便) 이치를 뜻하고 풍수(風水)는 문자 그대로 바람[風]과 물[水]을 이르며, 이는 땅의 조화와 기후를 형성하는 데 밀접한 관계를 이루고 있다.

본시 땅(地)이란 모체가 없이는 만물이 존재하지 못하고 물이

없으면 만물이 생성하지 못하며 바람이 없어도 만물은 멸망하게
된다. 이와 같이 만물의 생성이 흙과 물과 바람의 작용 즉 기(氣)
에 의해서 소장성쇠(消長盛衰)의 변화가 형성되는데, 그 원리는
음양 오행의 기(氣)와 상생(相生) 상극(相剋)의 이치(理致)에 있
다고 한다.

그리하여 지구상에서 살고 있는 모든 생물은 지리적으로 삼대요
건(三代要件) 즉 산과 물, 바람이 서로 상합(相合)하여 적절한 곳
은 만물이 번성하고 이와 달리 삼대요건이 상충(相冲)되어 부적
합한 곳은 만물이 쇠잔해진다고 한다. 이래서 우리 인간은 자연
속에 살면서 자연에 순응하고 자연을 이용하면서 그 천지자연의
조화이치(造化理致)를 인간의 지혜로써 터득하여 자연을 탐구하
고 인간의 복리를 도모하고자 부단히 연구하면서 노력해 왔다.

본시 대자연의 지리란 방대하고 신묘해서 이 지구 표면에는 육
지와 바다가 있고 또 육지에는 히말라야 산맥과 같이 높은 곳도
있으며, 바다에는 필리핀 군도에 있는 비티아즈 해연(海淵)과 같
이 깊은 곳도 있다. 바다의 흐름(海流)도 적도(赤道) 근처에서 위
도(緯度) 높은 곳으로 흐르는 난류(暖流)와 반대 방향으로 흐르
는 한류(寒流)가 있고, 기후도 남북극(南北極)의 한대기후(寒帶氣
候)와 적도상(赤道上)의 열대기후(熱帶氣候)가 있는데, 이와 같은
대자연의 형성으로 지세(地勢)도 고원(高原)과 광야(廣野)가 있
고 풍향(風向)에 있어서도 무풍대(無風帶)와 유풍대(有風帶)가
있으며 또 유풍대에는 무역풍(貿易風)과 편서풍(偏西風) 그리고
계절풍(季節風)이 있다. 따라서 강수(降水)의 현상도 건조지대(乾
燥地帶)와 우수지대(雨水地帶)가 있어서 세상만물의 색상도 다르
고 종류도 각각 다르다. 이리하여 사람도 체구와 기질이 다르고
언어와 풍습도 다른 것도 모두 지리의 자연원리에서 생성되는 현

상이라 한다.

　우리 나라의 경우는 삼면이 바다에 연접하여 난류(暖流)의 영향을 받아 따뜻하고 한서(寒暑)의 차가 적은데, 이는 남해의 난류(暖流)와 겨울철 서북 계절풍(季節風)을 막아주는 크고 작은 산맥(山脈)의 영향이 가장 크게 작용하기 때문이다.

　그리고 지역적으로 한 예를 들면 전라도(全羅道)의 해양성(海洋性)기후와 경상도(慶尙道)의 대륙성(大陸性)기후로 말미암아 지상물(地上物)도 각기 특장물이 생기고 사람의 언어와 풍속·성질 등 상이점을 나타내고 있는 것도 모두 풍수지리의 영향이라 한다.

　전래의 속설에 "백리부동풍(百里不同風)"이라는 말이 있다. 이는 공간적으로 백리(百里)의 거리만 떨어져 있어도 풍습이 서로 다르다는 뜻이다.

　옛 「택리지」(擇里誌 : 우리 나라 지리책)에서는 팔도(八道)의 상의한 지세와 기후에 따른 그 기질을 다음과 같이 이르고 있다.

　함경도(咸鏡道)는 그 강건한 투지를 이중투구(泥中鬪狗)에 비유하였고, 평안도(平安道)는 무쌍한 용감성을 맹호출림(猛虎出林)에 비유하였으며, 황해도(黃海道)는 근면 성실한 석전경우(石田耕牛)에 비유하였고, 경기도(京畿道)는 지혜로운 경중미인(鏡中美人)에 비유하였다. 그리고 강원도(江原道)는 그 중후(重厚)함을 암하노불(岩下老佛)에 비유하였고, 충청도(忠淸道)는 맑고 밝은 청풍명월(淸風明月)에 비유하였으며, 전라도(全羅道)는 이지(理智)로움을 풍전세류(風前細柳)에 비유하였고, 경상도(慶尙道)는 굳건한 의지를 태산준령(泰山峻嶺)에 각각 비유하기도 하였다.

3. 조상(祖上)과 자손(子孫)

인생은 육체(肉體)와 영혼(靈魂)의 이원(二元)으로 결합이 되어서 사람이 죽으면 육체는 청산(靑山)에 한 줌 흙으로 사라지지만 영혼은 영원히 불멸하여 천계(天界)나 지계(地界)에 존재한다고 한다. 그리고 인간은 조상(祖上)의 영기(靈氣)와 자손(子孫)의 생기(生氣)가 상통하여 조상의 신령(神靈)이 편안하면 그 자손도 평안하고 이와 달리 조상의 신령이 편안하지 못하면 그 자손도 평안하지 못하여 곧 쇠잔해진다고 한다.

이와 같은 맥락에서 조상은 나무의 뿌리가 되고 자손은 그 나무의 줄기가 되어 열매를 맺는 것과 같은 이치로 보고 있다.

이래서 자손된 마음 항상 내 조상을 지성으로 받들고 싶어하고 조상의 영혼 또한 내 자손을 사랑하고 음덕(蔭德)을 베풀고자 하나 뜻과 같지 않는 것은 풍수지리의 자연 속에서 음양(陰陽)과 오행(五行)의 기(氣)에 감응(感應)되어 그 시체와 영혼도 천태만상(天態萬象)으로 변화하고 자손에게 미치는 영기(靈氣)의 영향도 천차만별(千差萬別)하다고 한다.

이 변화의 원리에 의해서 발현(發現)되는 명산길지(名山吉地)의 영기(靈氣)는 그 자손에게 덕(德)을 주고 이와 반대로 악산흉지(惡山凶地)의 영기(靈氣)는 그 자손에게 화(禍)가 미친다고 한다.

이와 같이 조상의 영기(靈氣)와 자손의 생기(生氣)가 결합되는 현상은 흡사 TV 화면의 실황 중계처럼 묘지(墓地)의 현황이 그대로 곧 자손의 현실에 발현된다고 한다.

그러나 우리가 조상을 섬기고 위하는 것은 그 어떤 음덕을 바란다는 것보다도 유구한 역사와 효행사상(孝行思想)의 바탕 위에서 숭조이념(崇祖理念)이 뿌리 깊게 전승(傳承)되어 조상을 숭배하는 정신이 그 어느 민족보다 투철하기 때문이라 생각된다.

그리고 우리가 항상 조상을 숭배하는 것은 곧 우리의 뿌리를 북돋우는 것이 되고 아울러 우리의 정신을 함양하면서 우리의 자손에게 숭조이념(崇祖理念)을 고취하고 효행정신(孝行精神)을 배양하는 데도 큰 의의가 있다고 본다.

4. 음양(陰陽)과 오행(五行)

음양오행론(陰陽五行論)에 의하면 음양(陰陽)과 금, 목, 수, 화, 토 오행(五行)의 특유한 기(氣)는 우주 만물의 존재와 작용의 원천을 이루고 자연이나 인간을 포함한 모든 생명체의 근본이 이 기(氣)에 있다고 한다. 여기에서 유의해야 할 점은 음양의 이원(二元)이나 오행의 다원(多元)은 각기 배타적(排他的)으로 독립해 있는 실재(實在)가 아니라 불가분리(不可分離)의 계기적(契機的) 존재들이라는 것이다. 이것은 이기론(理氣論)에서도 마찬가지다. 태극(太極)은 양의(兩儀 : 하늘과·땅)로 형성되었는데 음양 자체는 기(氣)이지만 그 전체의 태극은 이(理)라는 것이다. 기(氣)가 비록 천변만화(千變萬化)를 해도 그것은 모두가 이(理)의 일정한 궤도(軌道)를 벗어나지 않는다고 한다.

그리고 음양의 기(氣)가 작용하는 것은 바로 태극의 이(理)를 구현(俱現)하는 것이며, 기(氣)는 형이하적(形而下的)임에 반해 이(理)는 형이상적(形而上的)인 것이 되어 양자(兩者)는 일체(一體)의 양면(兩面)에 불과하다고 본다.

⑴ 오행(五行)의 상생(相生)과 상극(相剋)의 원리(原理)

○ 오행(五行)의 상생(相生)

목생화(木生火) : 나무(木)는 불(火)을 생성(生成)하고 불은 나무에 의해서 생성된다. 이래서 불은 나무가 없으면 생성될 수 없다.

화생토(火生土) : 불(火)은 흙(土)을 생성(生成)하고 흙은 불에 의해서 생성된다. 이래서 흙은 불이 없이는 생성될 수 없다.

토생금(土生金) : 흙(土)은 금(金)을 생성하고 금(金)은 불에 의해서 생성된다. 따라서 금은 흙이 없으면 생성될 수 없다.

금생수(金生水) : 금(金)은 물(水)을 생성하고 물은 금석(金石)이 없으면 생길 수 없다.

수생목(水生木) : 물(水)은 나무(木)를 생성하고 나무는 물을 먹어야 살 수 있다.

○ 오행(五行)의 상극(相剋)

목극토(木剋土) : 나무(木)는 흙(土)을 이기고 흙 속에 뿌리를 박을 수 있다.

토극수(土剋水) : 흙(土)은 물을 이겨서 못 흐르게 막을 수 있다.

수극화(水剋火) : 물(水)은 타는 불을 이겨서 꺼 버릴 수 있다.

화극금(火剋金) : 불(火)은 금(金)의 형체를 녹여서 바꿀 수 있다.

금극목(金剋木) : 금(金)은 나무(木)보다 강해서 나무를 베어 낼 수 있다.

이상 열거한 오행(五行)의 각 행(各行)이 상생(相生)과 상극
(相剋)에 다같이 연관되어 있음을 볼 수 있다. 즉 목(木)은 목생
화(木生化), 수생목(水生木)의 상생작용(相生作用)에 관여하기도
하지만 금극목(金剋木), 목극토(木剋土)의 상극작용(相剋作用)에
도 관여를 한다. 이는 오행의 상생(相生) 중에 상극(相剋)이 포함
되어 있고 상극 중에 상생이 내포(內包)되어 있다는 뜻이 된다.

만일에 상생만 있고 상극이 없다면 정상적인 평형(平衡)발전이
유지될 수 없고, 반대로 상극만 있고 상생이 없다면 만물은 다시
화생(化生)할 수가 없다. 그러므로 상생 상극은 모든 사물이 평형
을 유지하기 위해서는 불가결한 상호관계이며 자연계의 생성변화
(生成變化)에 일반적인 원리이기도 하다.

오행의 상생 상극

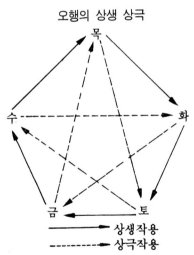

그리하여 오행(五行)은 삼라만상(森羅萬象)의 그 크고 작은 데
에도 각각 부여되어 하늘에도 음양과 오행이 있고 땅에도 음양과
오행이 있다.

즉 하늘의 음양은 해와 달이 되고 오행은 목(木), 화(火), 금

(金), 수(水), 토(土)의 오행성(五行星)이 되며, 땅의 음양은 바다
와 육지가 되고 오행은 동(東 : 목), 서(西 : 금), 남(南 : 화), 북
(北 : 수), 중앙(中央 : 토)의 오행방(五行方)이 된다. 만물의 음양
은 암컷(雌)과 수컷(雄)이 되고 오행은 목(木), 화(火), 토(土),
금(金), 수(水)의 오행물(五行物)이 된다.

　산에도 음양과 오행이 있으니, 등(背)쪽은 양(陽)이고 배(腹)쪽
은 음(陰)이다. 오행은 산의 형상에 따라 목형산(木形山), 화형산
(火形山), 토형산(土形山), 금형산(金形山), 수형산(水形山) 등으
로 분류를 하며, 또한 바람에도 음양 오행이 있고 물에도 각각 음
양 오행이 있으니 어천 만물에 음양 오행의 원리가 내포되어 있지
않은 것이 하나도 없다고 한다.

　특히 음택(陰宅)지리에서는 하늘과 땅을 정양(正陽)과 정음(正
陰)으로 나누고 10천간(天干)에서 무(戊), 기(己), 중앙토(中央
土) 두 글자를 뺀 팔간(八干) 즉 갑(甲), 을(乙), 병(丙), 정(丁),
경(庚), 신(辛), 임(壬), 계(癸)와 12지지(十二地支)를 통합하여
팔방(八方)에 각각 위치한 팔괘(八卦) 방위에다 3개 방위식 24개
방위와 음양(陰陽)을 다음과 같이 배정하고 있다.

⑵ 음양(陰陽)과 방위도(方位圖)

① 사방도(四方圖)

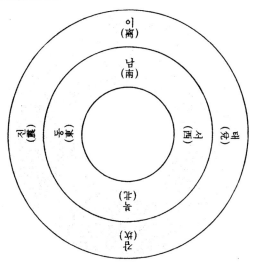

② 팔방도(八方圖)

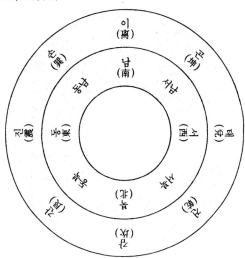

음(陰)	축(癸 丑)	을묘(卯 乙)	손사(巽巳)	정미곤(丁 未 坤)	신(酉 辛)	해(亥)
	계	묘	손사	정미곤	유	해

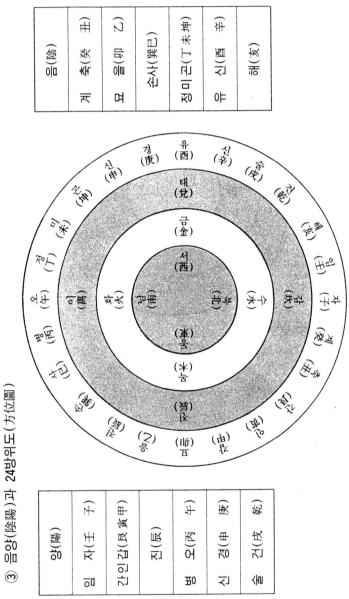

③ 음양(陰陽)과 24방위도(方位圖)

양(陽)	자(壬 子)	간인갑(艮 寅 甲)	진(辰)	오(丙 午)	경신(申 庚)	건술(戌 乾)
	임 자	간인갑	진	병 오	신 경	술 건

(3) 정오행(正五行)과 간지(干支)의 합(合)

① 천간(天干)과 정오행(正五行)

천 간 (天干)	갑 (甲)	을 (乙)	병 (丙)	정 (丁)	무 (戊)	기 (己)	경 (庚)	신 (辛)	임 (壬)	계 (癸)
오 행 (五行)	목 (木)	목 (木)	화 (火)	화 (火)	토 (土)	토 (土)	금 (金)	금 (金)	수 (水)	수 (水)

② 지지(地支)와 정오행(正五行)

지 지 (地支)	자 (子)	축 (丑)	인 (寅)	묘 (卯)	진 (辰)	사 (巳)	오 (午)	미 (未)	신 (申)	유 (酉)	술 (戌)	해 (亥)
오 행 (五行)	수 (水)	토 (土)	목 (木)	목 (木)	토 (土)	화 (火)	화 (火)	토 (土)	금 (金)	금 (金)	토 (土)	수 (水)

※ 정오행으로 입수(入首) 및 좌(坐)와 용(龍)을 본다.

③ 천간합(天干合)

천간합 (天干合)	갑기합 (甲己合)	을경합 (乙庚合)	병신합 (丙辛合)	정임합 (正壬合)	무계합 (戊癸合)
오 행 (五 行)	토 (土)	금 (金)	수 (水)	목 (木)	화 (火)

이상과 같이 천간합이 되면서 오행도 변화하여 다른 하나의 오행이 생기게 된다.

④ 지지육합(天干合)

천간합 (天干合)	자축합 (子丑合)	인해합 (寅亥合)	묘술합 (卯戌合)	진유합 (辰酉合)	사신합 (巳申合)	오미합 (午未合)
오 행 (五 行)	토 (土)	목 (木)	화 (火)	금 (金)	수 (水)	합국오행이 발생하지 않는다.

⑤ 지지삼합(地支三合)

삼 합 (三 合)	인오술 (寅午戌)	해묘미 (亥卯未)	사유축 (巳酉丑)	신자진 (申子辰)
오 행 (五 行)	화 (火)	목 .(木)	금 (金)	수 (水)

(4) 정양(浄陽)과 정음(浄陰)

① 정양(浄陽) : 건(乾), 갑(甲), 감(坎 : 子), 계(癸), 신(申),
진(辰), 곤(坤), 을(乙), 이(离 : 午), 임(壬),
인(寅), 술(戌)은 모두 정양(浄陽)이다.

② 정음(浄陰) : 간(艮), 병(丙), 진(震 : 卯), 경(庚), 해(亥),
미(未), 손(巽), 신(辛), 태(兌 : 酉), 정(丁),
사(巳), 축(丑)은 모두 정음(浄陰)이다.

(5) 삼합오행(三合五行)

① 건갑정(乾甲丁) 해묘미(亥卯未)는 탐랑목국(貪狼木局)의 삼
합(三合)이다.

건해(乾亥)는 갑목(甲木)의 장생방(長生方)이고 갑묘(甲卯)는
목왕방(木旺方)이며 정미(丁未)는 목묘방(木墓方)이다. 해묘미
(亥卯未)는 지지(地支) 삼합(三合)이 되고 건갑정(乾甲丁)은 천
간(天干) 삼합(三合)이 된다.

② 간병신(艮丙辛) 인오술(寅午戌)은 염정화국(廉貞火局)의 삼
합(三合)이다.

간인(艮寅)은 병화(丙火)의 장생방(長生方)이고 병오(丙午)는
화왕방(火旺方)이며 신술(辛戌)은 화묘방(火墓方)이다. 인오술
(寅午戌)은 지지(地支) 삼합(三合)이 되고 간병신(艮丙辛)은 천

간(天干) 삼합(三合)이 된다.

③ 손경계(巽庚癸) 사유축(巳酉丑)은 무곡금국(武曲金局)의 삼합(三合)이다.

손사(巽巳)는 경금(庚金)의 장생방(長生方)이고 경유(庚酉)는 금왕방(金旺方)이며 계축(癸丑)은 금묘방(金墓方)이다. 사유축(巳酉丑)은 지지(地支) 삼합(三合)이 되고 손경계(巽庚癸)는 천간(天干) 삼합(三合)이 된다.

④ 곤임을(坤壬乙) 신자진(申子辰)은 문곡수국(文曲水局)의 삼합(三合)이다.

곤신(坤申)은 임수(壬水)의 장생방(長生方)이고 임자(壬子)는 수왕방(水旺方)이며 을진(乙辰)은 수묘방(水墓方)이다. 신자진(申子辰)은 지지(地支) 삼합(三合)이 되고 곤임을(坤壬乙)은 천간(天干) 삼합(三合)이 된다고 하여 삼합오행(三合五行)이라 한다.

이상의 생(生), 왕(旺), 묘(墓)는 그 국(局)에서 일정되어 있으며, 또 갑·경·병·임(甲庚丙壬)의 양(陽)과 을·신·정·계(乙辛丁癸)의 음(陰)이 서로 교합(交合)이 되어 화국(火局), 금국(金局), 수국(水局), 목국(木局)을 형성하기도 한다.

(6) 쌍산오행(雙山五行)

쌍산 (雙山)	간인 병오 신술 (艮寅)(丙午)(辛戌)	건해 갑묘 정미 (乾亥)(甲卯)(丁未)	곤신 임자 을진 (坤申)(壬子)(乙辰)	손사 경유 계축 (巽巳)(庚酉)(癸丑)
오행 (五行)	화(火)	목(木)	수(水)	금(金)

쌍산오행은 나침반 제4선층에 있는 천간(天干)과 지지(地支) 두 글자를 한데 묶어 일궁(一宮)을 이루니 곧 임자(壬子) 계축

(癸丑) 간인(艮寅) 갑묘(甲卯) 을진(乙辰) 손사(巽巳) 병오(丙午) 정미(丁未) 곤신(坤申) 경유(庚酉) 신술(辛戌) 건해(乾亥) 등이다. 그리고 간병신(艮丙辛)의 삼합(三合)이 즉 인오술(寅午戌)의 삼합(三合)이 되고 간인(艮寅) 병오(丙午) 신술(辛戌)의 생왕묘(生旺墓)가 합성화국(合成火局)이 되면서 구성(九星)의 남방(南方) 염정화(廉貞火)가 되고 손경계(巽庚癸)와 사유축(巳酉丑)이 삼합(三合) 되면서 무곡금(武曲金)이 되고 곤임을(坤壬乙)과 신자진(申子辰)이 삼합(三合) 되면서 문곡수(文曲水)가 되고 건갑정(乾甲丁)과 해묘미(亥卯未)가 삼합(三合)이 되면서 탐랑목(貪狼木)이 된다. 이와 같이 간지(干支) 두 글자가 일궁(一宮)으로 합해서 이루어진 오행이라 해서 쌍산오행(雙山五行)이라 한다.

(7) 사장생오행(四長生五行)

갑목(甲木)의 장생(長生)은 해(亥)가 되고 정미(丁未) 수구(水口)가 묘궁(墓宮)이다.

병화(丙火)의 장생(長生)은 인(寅)이 되고 신술(辛戌) 수구(水口)가 묘궁(墓宮)이다.

경금(庚金)의 장생(長生)은 사(巳)가 되고 계축(癸丑) 수구(水口)가 묘궁(墓宮)이다.

임수(壬水)의 장생(長生)은 신(申)이 되고 을진(乙辰) 수구(水口)가 묘궁(墓宮)이다.

을목(乙木)의 장생(長生)은 오(午)가 되고 신술(申戌) 수구(水口)가 묘궁(墓宮)이다.

정화(丁火)의 장생(長生)은 유(酉)가 되고 계축(癸丑) 수구(水口)가 묘궁(墓宮)이다.

신금(辛金)의 장생(長生)은 자(子)가 되고 을진(乙辰) 수구(水口)가 묘궁(墓宮)이다.

계수(癸水)의 장생(長生)은 묘(卯)가 되고 정미(丁未) 수구(水口)가 묘궁(墓宮)이다.

갑(甲) 경(庚) 병(丙) 임(壬)은 양(陽)에 속하고, 을(乙) 신(辛) 정(丁) 계(癸)는 음(陰)에 속하며, 각기 생(生) 왕(旺) 묘(墓)의 방위가 정해져 있으니 다음 12운성(運星) 표를 참조하라.

그리고 갑양목(甲陽木)과 계음수(癸陰水)는 배합(配合)이 된다. 즉 계(癸)의 생(生) 묘(卯)는 갑(甲)의 왕(旺)이 되고 갑(甲)의 생방(生方) 해(亥)는 계(癸)의 왕방(旺方)이 되면서 묘방(墓方)은 계(癸) 갑(甲)이 동일하게 미방(未方)이 되고 있다.

이래서 을(乙)과 병(丙), 정(丁)과 경(庚), 신(辛)과 임(壬)이 모두 각기 배합(配合)이 된다.

(8) 향상오행(向上五行)

이는 향(向)에다 장생(長生)을 일으켜 생(生), 욕(浴), 대(帶), 관(官), 왕(旺), 쇠(衰), 병(病), 사(死), 묘(墓), 절(絶), 태(胎), 양(養) 순으로 돌려 집는다. 인(寅), 신(申), 사(巳), 해(亥) 방위로 입향(立向)을 하게 되면 이는 모두 자생향(自生向)이 되어 인(寅), 신(申), 사(巳), 해(亥)에서 장생(長生)을 일으키고 자(子), 오(午), 묘(卯), 유(酉)를 향해서 입향(立向)을 하게 되면 자왕향(自旺向)에 해당되어 향(向)에다 제왕(帝旺)을 붙어 돌려 집는다. 이는 그 국(局)의 수구(水口)에 관계치 않고 다만 향(向)을 위주로 한다. 혹 이때 수구(水口)와 용혈(龍穴)이 맞지 않으면 차고소수(借庫消水)라 하여 쇠방(衰方)이나 목욕방(沐浴方) 또는 태방(胎方) 등을 수구(水口)로 빌려 쓰기도 한다. 가령 수국(水局)의 갑묘(甲卯) 사절(死絶)에서 경유좌(庚酉坐) 갑묘향(甲卯向)을 하면 자왕향(自旺向) 즉 수국(水局)의 「절처봉왕향」(絶妻逢旺向)이 된다. 수구(水口)는 을진(乙辰) 묘방(墓方)이 정고(正庫)이나 향상(向上)에 왕(旺)을 일으켜서 을진(乙辰) 쇠방(衰方)이 되는데 이를 차고소수(借庫消水)라 한다. 이「차고소수법」(借庫消水法)에서는 비록 정고(正庫) 묘방(墓方)이 되지 않아도 자생향(自生向), 자왕향(自旺向)이 되어서 무방하다고 한다.

이는 그 국(局)의 사절(死絶)을 생왕(生旺)으로 변국(變局)하는 방법인데, 여타 목국(木局)이나 화국(火局) 금국(金局)에서도 여기 수국(水局)의 자왕(自旺)하는 이치와 동일한 방법으로 풀어가면 된다. 그리고 진(辰), 술(戌), 축(丑), 미(未) 사고장(四庫葬)은 향상오행(向上五行)에서 해당이 되지 않는다.

예 : 수국자왕향(水局自旺向)

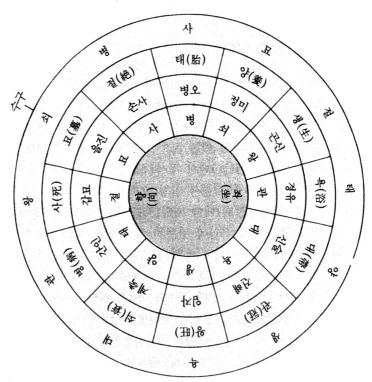

수국(水局)의 갑묘(甲卯) 사절(死絶)이 왕(旺)을 만나 절처봉
왕향(絶妻逢旺向)이 된다.

이상 열거한 오행(五行) 외에도 홍범(洪範), 주마(走馬), 사대
(四大), 사국(四局) 등등 오행의 명칭이 많으나 그 쓰이는 법이
각각 다르기 때문이다. 그러나 그 원리는 같으며 널리 통용되고
있는 오행은 앞에서 설명한 오행을 위주로 하여 통용하고 있다.

(9) 12운성표(運星表)

12운성 천간	생 (生)	욕 (浴)	대 (帶)	관 (官)	왕 (旺)	쇠 (衰)	병 (病)	사 (死)	묘 (墓)	절 (絶)	태 (胎)	양 (養)
갑 (甲)	해 (亥)	자 (子)	축 (丑)	인 (寅)	묘 (卯)	진 (辰)	사 (巳)	오 (午)	미 (未)	신 (申)	유 (酉)	술 (戌)
을 (乙)	오 (午)	사 (巳)	진 (辰)	묘 (卯)	인 (寅)	축 (丑)	자 (子)	해 (亥)	술 (戌)	유 (酉)	신 (申)	미 (未)
병 (丙)	인 (寅)	묘 (卯)	진 (辰)	사 (巳)	오 (午)	미 (未)	신 (申)	유 (酉)	술 (戌)	해 (亥)	자 (子)	축 (丑)
정 (丁)	유 (酉)	신 (申)	미 (未)	오 (午)	사 (巳)	진 (辰)	묘 (卯)	인 (寅)	축 (丑)	자 (子)	해 (亥)	술 (戌)
무 (戊)	인 (寅)	묘 (卯)	진 (辰)	사 (巳)	오 (午)	미 (未)	신 (申)	유 (酉)	술 (戌)	해 (亥)	자 (子)	축 (丑)
기 (己)	유 (酉)	신 (申)	미 (未)	오 (午)	사 (巳)	진 (辰)	묘 (卯)	인 (寅)	축 (丑)	자 (子)	해 (亥)	술 (戌)
경 (庚)	사 (巳)	오 (午)	미 (未)	신 (申)	유 (酉)	술 (戌)	해 (亥)	자 (子)	축 (丑)	인 (寅)	묘 (卯)	진 (辰)
신 (辛)	자 (子)	해 (亥)	술 (戌)	유 (酉)	신 (申)	미 (未)	오 (午)	사 (巳)	진 (辰)	묘 (卯)	인 (寅)	축 (丑)
임 (壬)	신 (申)	유 (酉)	술 (戌)	해 (亥)	자 (子)	축 (丑)	인 (寅)	묘 (卯)	진 (辰)	사 (巳)	오 (午)	미 (未)
계 (癸)	묘 (卯)	인 (寅)	축 (丑)	자 (子)	해 (亥)	술 (戌)	유 (酉)	신 (申)	미 (未)	오 (午)	사 (巳)	진 (辰)

생(生)은 장생(長生)이고, 욕(浴)은 목욕(沐浴)이며, 대(帶)는
관대(冠帶)이고, 관(官)은 임관(臨官)이며, 왕(旺)은 제왕(帝旺)
이고, 묘(墓)는 고(庫)이다. 절(絶)은 일명 포(胞), 목욕(沐浴)을
패(敗), 양(養)을 소장생(小長生)이라고도 한다.

보기   갑(甲)에 해(亥)는 생(生)이 되고 자(子)는 욕(浴)이 되
며 축(丑)은 관(官)이 된다. 이하 동일한 방법으로 본다.

오행의 생황(生旺) 이치를 12운성(運星)에 설정 배열하여 그
운기(運氣)를 비유 추정(推定)하는데, 곧 장생(長生)은 사람이 처
음으로 이 세상에 태어남과 같이 기쁨이 있고, 목욕(沐浴)은 새로
태어난 아기가 목욕을 하는 과정과 같아서 어려움이 많고, 관대
(冠帶)는 학업을 마치고 사회에 처음 진출하는 20대의 청년기에
비유할 수 있고, 임관(臨官)은 성숙된 사회인으로서 소임을 다하
고 충분한 보수를 받음과 같고, 제왕(帝旺)은 인생 최고의 강왕기
라 할 수 있다. 쇠(衰)는 왕성하던 기운이 점점 쇠퇴하여 흡사 정
년 퇴직을 맞이함과 같고, 병(病)은 사람이 늙어 병들고 기력이
쇠진한 상태와 같으며, 사(死)는 수명이 다하여 생명력을 완전히
상실한 상태이고, 묘(墓)는 사람이 죽어서 무덤에 들어감을 뜻하
며, 절(絶)은 일생의 생사를 끝마침과 같고, 태(胎)는 부모의 정
기를 받아 처음 수태(受胎)한 형상이며, 양(養)은 태아(胎兒)가
모태(母胎)에서 발육(發育)함을 뜻한다. 이와 같은 과정을 거쳐서
다시 장생(長生)하는데 이 순환의 이치를 오행의 12궁(宮)에 배
정하고 있다.

이 순서도 양순(陽順) 음역(陰逆)하여 갑(甲), 경(庚), 병(丙),
임(壬), 양(陽)은 인(寅), 신(申), 사(巳), 해(亥)에서 각각 장생
(長生)을 하고 시계침 방향으로 돌려 짚으며 을(乙), 신(辛), 정
(丁), 계(癸), 음(陰)은 자(子), 오(午), 묘(卯), 유(酉)에서 장생

(長生)하여 시계침 반대방향으로 돌려 짚는다.

풍수학에서 산이 좋다 나쁘다 하는 것은 12운성에서 생(生)에 해당하는가 혹은 사(死)에 해당하는가를 살펴서 길흉을 가리게 되는데 즉 생(生)은 장생(長生), 목욕(沐浴), 관대(冠帶), 임관(臨官), 제왕(帝旺), 양(養)이 되고, 사(死)는 쇠(衰), 병(病), 사(死), 묘(墓), 절(絶), 태(胎)가 된다.

(10) 음양(陰陽)의 조화(造化)

천하 만물이 모두 음양의 조화에 의해서 생성(生成)되고 있다. 이래서 양(陽)은 음(陰)을 그리워(戀)하고 음은 양을 사랑(愛)하게 되는데 이는 음양의 정리(正理)이다. 음이 양을 만나고 양이 음을 만나야 무궁한 조화와 장래의 발전이 생기게 된다. 그러나 양(陽)이 양(陽)을 만나고 음(陰)이 음(陰)을 만나면 이는 흡사 한 집안에 여성과 여성이, 남성과 남성이 동성 부부로 동거하는 격이 되어 생육(生育)의 조화가 이룩될 수 없고, 또한 아무 것도 생성(生成)하지 못하여 종국에 가서는 멸망하게 된다.

팔괘(八卦) 가운데서도 건(乾)은 부(父)가 되고 곤(坤)은 모(母)가 되는데 건곤(乾坤)이 만나면 유정하고 탈이 없으나 다만 늙어서 생산이 없다. 그리고 진(震)은 장남(長男)이고 손(巽)은 장녀(長女)라 진(震)과 손(巽)이 만나면 즉시 사귀고 상합(相合)하여 생산이 있게 된다.

감(坎)은 중남(中男)이고 이(离)는 중녀(中女)라 감(坎)과 이(离)가 서로 만나면 애정이 많다고 한다.

간(艮)은 소남(小男)이고 태(兌)는 소녀(少女)라 간(艮)과 태(兌)의 소남 소녀가 서로 만나면 가끔 충돌이 있기는 하나 그래도 서로가 좋아하여 무방하다고 본다.

원래 음양오행학은 심오(深奧)하고 난해(難解)한 학문이라 깊이 들어갈수록 더욱 어려움이 있다. 초학자는 먼저 정오행(正五行)과 삼합오행(三合五行), 향상오행(向上五行), 쌍산오행(雙山五行) 및 사국(四局)의 생(生), 왕(旺), 사(死), 절(絶), 즉 12운성법(十二運星法)을 숙지하고 임해야 한다.

5. 풍수(風水)의 술어(術語)

풍수(風水)의 술어(術語)는 현대 지리학(地理學) 등에서 사용하는 용어(用語)와는 다르고 그 술어와 용어가 매우 다양하면서 순 한문으로 되어 있다. 현재 풍수사(風水師)들이 쓰고 있는 용어부터 알아야 이해가 빠를 듯하여 그 술어부터 열거하고 그 해설을 곁들인다.

⑴ 풍수(風水)

풍수라 함은 글자 그대로 바람(風)과 물(水)을 이르는데 바람은 만물을 드날리며 물은 만물에 영양(營養)을 주고 기른다. 이래서 바람의 없으면 생기(生氣)가 모이고 물을 얻으면 생기가 융결(融結) 된다고 한다. 그리고 생기가 오는 곳은 물이 인도를 하고 기운(氣運)이 그치는 곳에는 물이 함께 하며 기운이 모이는 곳에는 바람의 흐트러짐이 없다고 한다.

⑵ 음택(陰宅)

음택은 묘지(墓地) 즉 묘터를 말한다. 산 사람의 집을 양택(陽宅)이라 하고 죽은 사람의 집 즉 묘지(墓地)를 음택이라 칭한다.

(3) 용(龍)

풍수지리에서 산을 용(龍)이라 칭하는데 이는 산의 형태가 천태만상(千態萬象)으로 그 기복(起伏)과 변화가 용(龍)과 흡사하다 해서 용이라 취해진 것이다.

(4) 맥(脈)

맥(脈)은 사람에게 맥이 있어 기(氣)와 혈(血)이 맥을 좇아 도는 것과 같이 지맥(地脈)이나 산맥(山脈)에도 음양(陰陽)의 생기(生氣)가 흐르고 있는데, 이 생기(生氣)가 흐르는 곳을 맥(脈)이라 한다.

용(龍)과 맥(脈)은 상호 연관이 깊으다. 이래서 용이 있으면 맥이 있고 맥이 없는 용은 또한 있을 수 없다.

대체로 용은 그 현저한 형체를 가리키고 있으나 맥은 그 생기가 겉으로 드러나지 않아서 구별을 하기가 매우 어렵다.

의사(醫師)가 사람의 맥을 보고 그 사람의 건강 여부를 진단하듯이 지리에 밝은 지사(地師)는 산의 맥을 관찰하여 길흉(吉凶)과 선악(善惡)을 구별하고 있다.

(5) 혈(穴)

산의 혈(穴)도 사람의 몸에 있는 경혈(經穴)과 같아서 용맥(龍脈) 가운데 분명히 있다고 한다. 이는 생기(生氣)가 뭉쳐 있는 이곳을 혈(穴)이라 하며, 산에서 혈(穴)을 정하는 법은 인체의 침혈(針穴)과 같이 일정한 혈이 형성되어 있어서 조금이라도 틀림이 없게 정혈(定穴)이 되어야 한다는 것을 역설하고 있다.

(6) 사(砂)

사(砂)라 함은 혈(穴) 주위에 있는 여러 지형 지물(형상 : 形象)을 사(砂)라 칭한다. 사를 보는 법은 먼저 그 형상을 살피고 다음으로 그 유·무정(有·無情)을 가리게 된다.

(7) 국(局)

국(局)은 혈(穴)과 사(砂), 수(水)를 합쳐서 국(局)이라 칭하는데 그 형국(形局)을 보고 양택지(陽宅地)인가 혹은 음택지(陰宅地)인가를 추정한다.

(8) 내룡(來龍)

일국(一局) 일혈(一穴)에 이르는 산룡(山龍) 즉 뻗어 내려오는 모든 산줄기를 내룡(來龍)이라 칭한다.

(9) 조산(祖山)

조산에는 태조산(太祖山)과 중조산(中祖山), 소조산(小祖山)이 있으며, 태조산은 혈지(穴地)에서 가장 멀리 있는 고대하고 웅장한 높은 산을 태조산(太祖山)이라 하고, 중조산(中祖山)은 태조산으로부터 발맥(發脈)하여 뻗어 오다가 중간에서 우뚝하게 솟은 높은 산을 중조산(中祖山)이라 이르며 일명 응성(應星)이라고도 한다. 소조산(小祖山)은 중조산으로부터 발맥(發脈)하여 솟은 산봉우리다. 이를 부모산(父母山) 또는 현무산(玄武山)이라고도 하며, 소조산(小祖山)은 혈을 만들려고 모든 준비를 갖춘 포태산(胞胎山) 즉 주산(主山)을 뜻한다.

(10) 입수(入首)

입수(入首)는 용맥(龍脈)이 혈(穴)로 들어오는 머리로서 이를
식물에 비유하여 꽃의 꼭지와 같은 중요한 부위가 된다.

(11) 청룡(靑龍)과 백호(白虎)

혈(穴)이 남쪽으로 향한 곳이라면 혈 뒤 주산(主山)에서 발맥
(發脈)하여 좌측 동쪽을 두르고 혈 앞에서 그치는 용맥(龍脈)을
청룡(靑龍)이라 하고, 반대로 동일하게 발맥하여 우측 서편을 돌
아 혈 앞에서 그치는 용맥을 백호(白虎)라 칭한다. 청룡과 백호는
네 수호신(守護神) 가운데 좌·우를 호위한다 해서 일반적으로
좌청룡(左靑龍) 우백호(右白虎)라 부르고 있다.

(12) 득수(得水)와 파구(破口)

득수(得水)는 혈(穴)의 좌·우 양편에서 물이 처음 보이는 지
점(初見處)을 득수(得水)라 하고, 파구(破口)는 청룡과 백호 사이
에서 흐르는 물이 마지막 보이는 이곳(合九處)을 파구(破口) 또
는 수구(水口)라 칭한다.

(13) 안산(案山)과 조산(朝山)

안산은 혈 정면에 있는 가장 가까운 산을 안산(案山)이라 하고,
조산(朝山)은 안산 밖에 있는 높고 큰 산들을 조산(朝山)이라 이
르며, 이들 산은 마치 신하가 임금에게 읍을 하는 것처럼 혈을 향
해 있어야 좋으며 사(砂)의 일종이기도 하다.

⒁ 좌향(左向)

혈(穴)의 중심 즉 관(棺)을 묻는 곳을 좌(坐)라 하고, 이 좌가 정면(正面)한 곳의 방위를 향(向)이라 한다. 이 좌향은 일직선상이 되며 좌(坐)가 결정되면 향(向)은 따라서 결정된다. 예를 들면 자좌오향(子坐午向)일 경우 좌(坐)는 정북방(正北方)에 있고 그 향(向)은 정남방(正南方)이 고정된다.

제 2 장
조종(祖宗)과 용맥(龍脈)

조종(祖宗)과 용맥(龍脈)

1. 조종(祖宗)과 주산(主山)

옛글에 이르기를 위로 우러러 천문(天文)을 보고 아래로 구부려 지리(地理)를 살피라는 말이 있다. 지리를 살피는 방법도 각자 용도와 목적에 따라 각기 상이하나 음택지(陰宅地) 즉, 묘터를 선정하는 지리(地理)의 도(道)는 고금을 막론하고 근본 원리나 그 이치는 모두 동일하다. 음택지에서는 대개 먼저 산세를 살피게 되는데, 산은 고대(高大)하고 웅장한 태조산(太祖山)과 중조산(中祖山) 및 소조산(小祖山) 등으로 크게 나누고 이를 용(龍)의 조종(祖宗)이라 이른다.

태조산(太祖山)은 가장 높고 크면서 위엄이 있고 한 고을이나 그 지방에서 으뜸가는 산을 태조산(太祖山)이라 하며, 태조산 정상에는 항상 구름이나 안개같은 것이 서리고 있다 한다. 옛 산서에 이르기를 용(龍)의 왕성한 기운이 있는 맥(脈)을 찾으려면 구름이나 안개같은 것이 서리고 있는 산등성이를 살피고 그 산등성이에서 시발(始發)된 용맥(龍脈)을 찾으라 했으니 이는 태조산을 쉽게 찾는 비결이기도 하다.

이 고대하고 웅장한 태조산에서 발맥(發脈)한 용맥(龍脈)은 가지(枝)를 뻗고 또 가지가 가지를 뻗어 헤아릴 수 없이 많다.

중조산(中祖山)은 태조산(太祖山)으로부터 발맥(發脈)하여 내

조종(祖宗) 산의 형국도

려오다가 중간에서 우뚝하게 높이 솟은 큰 산을 중조산(中祖山)이라 이르는데, 이를 응성(應星)이라 칭하기도 한다.

소조산(小祖山)은 중조산(中祖山)에서 발맥하여 각각 기맥(岐脈)으로 갈라져 내려오다가 장차 혈(穴)이 되려는 곳에 우뚝하게 솟은 주산(主山)을 뜻한다.

소조산을 일명 부모산(父母山) 또는 현무산(玄武山)이라고도 하는데, 이 부모산에는 장차 혈(穴)을 조성하려고 모든 준비를 갖춘 포태산(胞胎山)이라 하여 일명 부모산(父母山)이라 칭하기도 한다.

혈(穴)이 맺혀진 것을 보면 소조산, 중조산이 연결되어 혈이 형성되기도 하지만 소조산 하나만 있어도 혈이 형성되는 수 있으며 명당 자리가 꼭 태조(太祖), 중조(中祖), 소조(小祖)의 산으로 연결이 되어야 명당이 된다고는 보지 않는다. 이는 혈의 생김과 주위의 지세에 따라 길지(吉地)가 되기도 하고 흉지가 되기도 하며, 주산(主山)인 소조산 하나 만으로 혈이 맺어져도 대명당(大明堂)이 될 수도 있고 태조, 중조, 소조의 산이 고루 갖추어져 있어도 명당이 못되는 경우도 허다하다고 한다.

간혹 먼 조산(祖山) 높은 봉우리에서 흉성(凶星)으로 발맥이 되어도 뻗어오면서 변화하여 길성(吉星)의 조산(祖山)으로 다시 이룩하고 혈(穴)을 맺은 것은 길지(吉地)로 취용(取用)을 하고 있으나, 비록 먼 조산(祖山)이 길성(吉星)으로 이룩되고 용맥의 마디마디가 길성(吉星)이 되어도 소조산(小祖山) 즉 주산(主山)이 흉성(凶星)으로 이룩되어 혈(穴)이 맺어진 것은 흉한 것으로 보고 있다.

대체로 소조산 즉 주산(主山)은 크면 클수록 좋게 보고 그 위세는 주위의 산들을 지배할 수 있어야 하며 반드시 기이하고 수

려하면서 큰 장막(帳幕)이나 병풍(屛風)을 친듯이 포용하면서 세
찬 바람을 막아주고 멀고 가까운 사격(砂格)들이 주인과 손님의
대좌(對坐)처럼 유정하게 상응(相應)하고 등을 돌려서는 안 된다.

그리고 주산은 긴것보다 둥근 것을 길격(吉格)으로 치며 대개
주산(主山)이 길면 혈(穴)은 멀리서 맺어지고 주산이 둥글면 혈
은 가까이서 맺어지는 것으로 본다. 또한 주산은 밝고 강왕(強旺)
해야 하는데 주산이 밝으면 주위의 산들도 같이 따라 밝고 주산이
강왕하면 주위의 산들도 모두 강왕하다. 이는 곧 지세의 자연한
이치에 의해 산들이 길산(吉山)으로·형성이 되면 주위의 물들도
함께 길수(吉水)가 되고 바람도 길풍(吉風)이 되어 흙과 돌도 광
체가 나고 산수(山水)가 다 같이 함께 상합(相合)하여 조화를 이
루게 된다고 본다.

대체적으로 주산(主山)이 고대(高大)하고 수려(秀麗)하면 자손
이 대귀(大貴)하고, 산봉우리가 둥글고 풍만하면 큰 부차가 나며,
기맥(岐脈 : 갈라진 맥)이 많고 강왕하면 자손이 번성하고, 하늘을
찌를 듯이 높이 빼어나면 영재(英才)와 문장(文章)이 배출되고,
산 모습이 단정하고 유순하면 자손들이 어질고, 암석(岩石)과 입
석(立石)들이 기이하면 특출한 인재나 무관(武官) 등이 배출된다
고 한다.

이와 반대로 주산(主山)이 험난하면 자손들이 어질지 못하고
흉폭하며, 또 찢어지거나 어지러우면 자손들도 어지럽고 가문을
떨어뜨리며, 산에 골이 많이 지면 원성이 많고, 보기 흉한 천석
(賤石)들이 있게 되면 자손들이 비천하고, 주산이 무정하게 등을
돌리고 있으면 조상이 무덕하고, 주산이 낮고 미약하면 명당이 점
점 떨어진다고 한다.

풍수지리(風水地理) 국면의 인체유추도(人體類推圖)

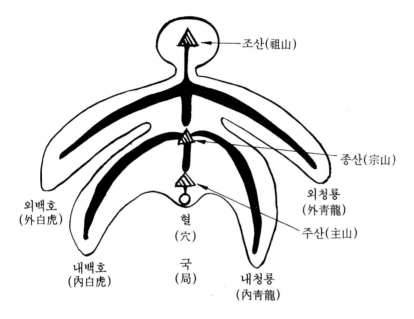

조산(祖山)

종산(宗山)

외청룡
(外靑龍)

주산(主山)

외백호
(外白虎)

혈
(穴)

내백호
(內白虎)

국
(局)

내청룡
(內靑龍)

(1) 소조산(小祖山)이 없는 길지(吉地)

소조산(小祖山)이 없는 곳은 대개 평평한 능선으로 형성된 평강
룡(平岡龍)에 많은데 소조산이 없어도 힘이 약하다고 보지 않는다.
용은 한 번 일어나는(起)데 그 기운이 왕성하고 한 번 엎드리는
(伏)데 더욱 그 기운이 왕성하다고 본다. 평강룡(平岡龍)은 비슬비
슬 혹은 구불구불한 것을 약하게 보지 않고 취용(取用)하게 되는
데 오직 혈장(穴場)으로 들어오는 곳에서 2~3절(節) 안으로 미끄
러지고 끊어진 듯해도 기운이 묶이게(束氣)되어 소조산이 있는 것
과 같이 동일하게 보고 있다. 다만 끊어진 곳은 혈장(穴場)에서 가
까운 한 절(節)이 중요하며 반드시 좌·우의 산들이 유정하게 감
싸 포옹하고 세찬 바람을 받지 않으면 귀하게 본다.

평지의 용도 이와 같아서 반드시 혈 뒤에 기운을 좁게 묶은 조름목 맥이 있어야 좋고 그 뻗어오는 용맥이 약간이라도 높아서 물길이 팔자(八字) 모양으로 미세(微細)하게나마 나뉘어(分水)짐이 명백하면 맥의 기운이 혈로 들어와 무력하지 않고 왕성한 것으로 본다.

대개 평지에는 기운이 흩어지는 곳이 많으므로 당혈(當穴)의 기운을 거두어 들이는 곳이라야 길격(吉格)으로 친다.

이래서 소조산이 없어도 마땅히 끊어진 듯한 곳에 소등[牛背] 같은 형체가 형성되어 있으면 기운이 묶여 모인 것으로 본다.

우선 보기에는 청룡(靑龍)과 백호(白虎)가 없는 것 같아도 입수(入首)한 한 절(節) 뒤를 내룡(來龍)으로 보며, 혈을 받치고 있

조산(祖山)을 멀리한 길지

산뱀처럼 내려오고 양변을 보호하여 귀격으로 친다.

는 좌선익(坐蟬翼)이 청룡 역할을 하고 우선익(右蟬翼)이 백호 역할을 하게 되어 소조산(小祖山)이 없어도 명산이 된다고 한다.

(2) 오성(五星)의 산형(山形)

오성이란 즉 금(金), 목(木), 수(水), 화(火) 토(土) 오행(五行)을 뜻하는데, 풍슈지리에서는 산의 형체를 보고 오성으로 분류를 하고 이를 다시 청(淸), 탁(濁), 흉(凶)으로 대별하여 길흉을 가리기도 한다. 이는 산세가 수려하고 광채가 나는 것을 청(淸)이라 하고 산 모양이 두텁게 살찌고 무겁게 보이면 탁(濁)이라 하며, 산세가 거칠고 추악하면 흉격(凶格)으로 보면서 청, 탁, 흉 삼격(三格)으로 대별을 하고 길흉을 가리고 있다.

(가) 화성산(火星山)

화성산(火星山)은 그 모양이 '불꽃처럼 날카롭게 산봉우리가 뾰족뾰족 솟아 있는 것이 특징이다. 대개 이름난 명산의 큰 뫼[岳] 뿌리는 화성(火星)으로 되어 있으나 점혈(占穴)을 할 만한 곳은 대체로 귀하다.

화성산(火星山)이 우뚝하게 높고 수려한 청격(淸格)이 되면 현성(顯星)이 되어 학문으로 현달(顯達) 대귀(大貴)하고 권세(權勢)를 누리는 상으로 보나, 탁격(濁格)이 되면 권위(權威)의 복(福)은 누릴 수 있어도 사람이 조급하고 모험을 좋아하여 화복

(禍福)이 상반되고 성패가 다단하다고 한다. 특히 화성산이 흉격 (凶格)이 되면 살성(殺星)을 띠게 되어 사람이 거칠고 흉폭하여 큰 도적이 되고 사멸(死滅)하는 상으로 보고 있다.

　예를 들면 속리산이나 가야산을 화성산(火星山)이라 하는데 속리산은 돌의 형세가 높고 크며 겹쳐진 봉우리의 뾰족한 돌 끝이 처음 피는 연꽃같아 명산임에 틀림이 없고, 가야산은 뾰족한 돌이 줄을 잇달아 마치 불꽃과 같은데 임진왜란 때에도 오로지 가야산만이 침입을 받지 않아 삼재(三災)가 들지 않는 명산으로 이름이 높다.

(나) 목성산(木星山)

　목성산(木星山)은 그 모양이 곧게 뻗은 나무처럼 우뚝하게 높이 솟고 나무의 마디와 같이 불거져 생긴 것이 특징이다. 대개 마디 부분에 혈이 형성되고 우아하면서 아름다운 것을 길격으로 친다. 우아하고 아름다운 청격(淸格)은 문성(文星)이 되어 문장과 과거, 명예, 영달 등을 상징하고, 이와 달리 비대한 탁격(濁格)은 재성(才星)이 되어 재능과 기술, 공업 등을 상징하며, 또 추악한 흉격(凶格)은 형벌과 소송, 불구 등을 주장하고 있다.

(다) 금성산(金星山)

금성산(金星山)은 그 형체가 쇠북종(鍾)과도 같고 가마솥
(釜)을 엎어 놓은 것처럼 둥그스름한 것이 특징이다. 대개 산 중
층(中層) 봉우리의 아늑한 곳[凹]에 혈이 형성되는데 산 머리가
기울지 않고 단정하면서 풍만하게 살찐 것을 길격(吉格)으로 친
다. 대체로 맑은 청격(淸格)은 관성(官星)이 되어 문장이 빛나고
충직(忠直)한 인물이 배출되며, 중후하게 보이는 탁격(濁格)은 무
성(武星)이 되어 위엄이 있고 권세를 장악하는 상으로 보며, 추악
한 흉격(凶格)은 싸우고, 죽이고, 상하고 패멸(敗滅)하고, 군적(軍
賊)이 되는 것 등을 주장한다.

(라) 수성산(水星山)

수성산(水星山)은 그 형체가 큰 굴곡 없이 산봉우리가 물 흐름
처럼 부드럽게 이어져 있는 것이 특징이다. 맑은 청격(淸格)은 수
성(秀星)이라 하여 사람이 총명하고 도량이 넓으며, 비만한 탁격
(濁格)은 사람됨이 완만하고 유약(柔弱)하여 결단성이 없고 게으
르며 아둔한 소인(小人)의 상이라 한다. 거치른 흉격(凶格)은 주

로 음란하고 방탕하며 간사하고 빈궁하여 사방으로 흩어지는 흉상
으로 보고 있다.

⑽ 토성산(土星山)

토성산(土星山)은 그 모양이 중후(重厚)하고 큰 초가(草家) 지
붕처럼 평평하면서 둥글게 모가 난 것이 특징이다. 토성산(土星
山)에서는 대체로 하층(下層) 평지 우뚝솟은 곳에 혈이 형성되는
데 맑은 청격(淸格)은 존성(尊星)이라 하여 벼슬이 이어지고 오
복(五福)을 함께 갖추는 최상격으로 친다.

한 예로 오대산과 태백산, 소백산, 지리산 등은 모두 토성산(土
星山)이라 흙이 두텁고 기름져서 풍년과 흉년을 모르므로 부산
(富山)이란 별명도 지니고 있다.

대개 비만한 탁격(濁格)은 부성(富星)이 되어 재산이 풍부하고,
험난한 흉격(凶格)에는 사람이 우둔하면서 유약하여 질병이 많고
경영하는 사업도 부진하다고 한다.

㈐ 오성(五星) 연주격(連珠格)

　① 오성(五星) 연생격(連生格)

(화)

(토)

(금)

(수)

(목)

② 오성(五星) 연극격(連克格)

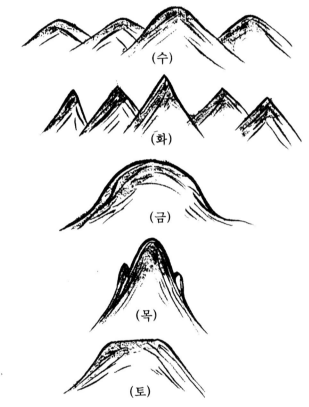

(수)

(화)

(금)

(목)

(토)

③ 오성(五星) 연주격(連珠格)

(토)　　(금)　　　(수)　　　(목)　　(화)

오성(五星)의 연주격(連珠格)은 금(金), 목(木), 수(水), 화(火), 토(土)의 오성산(五星山)이 서로 간격을 두지 않고 연결이 되어 있는 것을 필요로 한다. 이 때 오성산(五星山)의 대소에는 구애를 받지 않으나 다만 상생(相生)과 상극(相克)을 보고 길흉을 가리게 된다. 그림 연생격(連生格)은 화생토(火生土) 토생금(土生金) 금생수(金生水) 수생목(水生木) 목생화(木生火) 등으로 연결이 되면서 상생(相生)을 이루게 되어 가장 귀격(貴格)으로 친다.

그림 연주격(連珠格)도 오성(五星)의 연생격(連生格)이 되어 귀격이다. 이렇게 되면 우선 자손이 평안하고 모두가 높이 출세하여 부귀를 겸전한다고 한다. 그림 연극격(連克格)은 수극화(水克火), 화극금(火克金), 금극목(金克木), 목극토(木克土) 등으로 연결되면서 상극(相克)을 이루어 꺼린다고는 하나 일부 학자는 용맥을 따라 점혈(占穴)을 하기 때문에 오성(五星)에는 크게 구애를 받지 않는다고도 한다.

(3) 팔방산(八方山)의 길흉(吉凶)

① 건방(乾方 : 서북간)에 있는 산을 천주(天柱)라 하여 이곳 산이 고대(高大)하고 비만(肥満)하면 장수(長壽)를 하고 자손이 공직에 높이 출세하는 것으로 본다.

② 감방(坎方 : 정북)에 있는 산이 크고 비만하면 자손이 충효(忠孝)하고 성실하다. 만일 이와 반대로 낮고 작으며 여위어 보이면 북쪽에서 불어오는 세찬 바람이 닿게 되어 재패(財敗 : 재산의 실패)가 생기고 또 흙이나 돌, 자갈같은 것이 흘러 내려서 초목이 없는 골짜기(龍砂 : 용사)가 있거나 또는 작은 돌이나 자갈 무덤

들이 여기 저기 흩어져 마치 쥐가 파먹은 것처럼 흉하게 보이면 후손이 가난하고 곤고하다고 한다.

③ 간방(艮方 : 동북간)에 있는 산을 천시(天市)라 하는데 이곳 산들이 높고 크면서 비만하면 부자(富者)가 되고 자손이 번성하나, 만일 이와 같지 아니하고 반대로 간방(艮方)의 산이 낮고 작으면서 잘리고 울룩불룩 골이 생기거나 흉하게 보이면 풍병(風病) 환자가 발생한다고 한다.

④ 진방(震方 : 정동방)의 산이 고대(高大)하고 비만하면 남자가 많이 나고 성품이 강직한 무관(武官)이 배출된다. 그러나 만일 이곳 산들이 낮고 꺼지면 여자가 많이 난다고 한다.

⑤ 손방(巽方 : 동남간)의 산이 고대하고 수려하면 자손이 창성하고 공직에 높이 출세한다. 만일 이와 반대로 낮고 작으면서 凹형이 되면 여자에게 이롭지 못한 것으로 보고 있다.

⑥ 이방(離方 : 정남방)의 산들이 높고 크고 비대하면 집안에 우환(憂患)이 끊이지 않고 또한 중간 여식(女息 : 딸)에게 불리하다고 한다.

⑦ 곤방(坤方 : 서남간)에 있는 산이 고대하고 비만하면 부녀자들이 장수를 하고 재산과 경제권을 장악하여 축재(蓄財)를 하는 반면 남자들은 허약하다고 한다.

⑧ 태방(兌方 : 정서방)에 있는 산들이 고대하고 풍만하면 부자가 되고 공직에 나아가 출세를 하는 것으로 보고 있다.

⑨ 임(壬)·자(子)·해(亥)방은 오행(五行)으로 수성(水星)에 속한다. 이곳 산들이 고대하고 비만하면서 우아하면 반드시 그 집

안에 무사(武士)가 배출되고 남녀 다같이 장수(長壽)를 누린다고
한다.

⑩ 갑(甲)·묘(卯)·을(乙)방은 삼목성(三木星)에 속한다. 이
곳 방위의 산들이 고대하고 수려하면서 용사(龍砂)가 없으면 문
무(文武) 간에 국록(國祿)을 먹는 공직자가 배출된다고 한다.

⑪ 경(庚)·유(酉)·신(申) 세 방위는 삼금성(三金星)에 속한다.
이곳 방위에 용사(龍砂)가 없이 산들이 고대하고 풍만하면 부귀
(富貴) 대성하고 공직에 높이 출세를 하는 것으로 보고 있다.

⑫ 간(艮)·곤(坤)·술(戌) 삼방(三方)은 모두 토성(土星)에 속
하며 이곳 방위의 산들이 고대하고 풍만하면서 흉칙한 바위나 돌
들이 없으면 큰 부자(富者)가 배출된다고 한다.

⑬ 병(丙)·오(午)·정(丁) 방위는 화성(火星)에 속하는데 이곳
에 있는 산들이 고대하고 수려하면서 용사(龍砂)가 없고 凹형이
되지 않으면 가문이 크게 흥왕하는 것으로 보고 있다.

(4) 삼길육수(三吉六秀) 방위의 산

해(亥), 묘(卯), 미(未) 세 방위를 삼길방(三吉方)이라 하고 간
(艮), 손(巽), 병(丙), 정(丁), 태(兌), 신(辛) 여섯 방위를 육수방
이라 하는데 이곳 방위의 산들이 아름답고 풍만하면서 수려하면
부귀 장수하는 좋은 자리가 된다고 한다.

삼길육수(三吉六秀) 방위의 산들이 아름답고 수려하면 공직에
높이 출세하고 풍만하고 비대하면 사업으로 출세하여 거부(巨富)
가 된다고 하여, 삼길(三吉) 육수방(六秀方)은 용(龍)이나 입향
(立向)에서 모두 길격(吉格)으로 취용(取用)을 하고 있다.

○ 삼길봉(三吉峰)

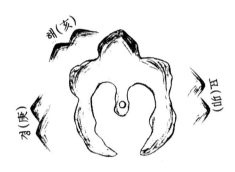

○ 육수방(六秀方)

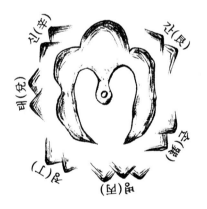

2. 용(龍)의 형태(形態)

풍수지리에서 산을 용이라 칭한 것은 산맥(山脈 : 산줄기)이 구비구비 뻗어오면서 천태만상(千態萬象)으로 변화하고 기복(起伏)하는 그 형상이 용의 변화와 흡사하다 해서 용이라는 이름이 붙여

진 것이다.

멀리 태조산(太祖山)에서부터 발맥(發脈)한 용은 그 형세가 서로 비슷하여 길흉(吉凶)을 분별하기가 어려우나 진실된 법술(法術)에 입각하여 관찰하게 되면 그 용의 진가(眞價)와 길흉(吉凶)이 자연 판단된다고 한다.

(1) 용(龍)의 출신(出身)

용의 출신이란 용이 처음 발맥(發脈)한 발맥처(發脈處)를 뜻한다. 대개 한 태조산(太祖山) 아래에 여러 가닥의 용맥(龍脈)으로 나뉘어 지는데 그 용맥의 발맥처가 특이하게 수려하고 넓은 장막(帳幕)의 중심을 个자(字) 모양으로 뚫고나와 연이어 우뚝한 봉

장막(帳幕)의 중심을 뚫고 나온 용맥도

우리를 일으키고 그 기상이 횐출하면서 활동적인 기룡(岐龍 : 가지
용)이 많고 산 뱀(生蛇)이 고개에서 내려오는 것처럼 생기가 있
고 양 가에는 매미 날개와 같은 형상이 받치고 있으면 반드시 대
지를 형성한다고 한다.

이와 달리 출신한 발맥처가 여위고 추하고 기복(起伏)이 없이 활
동적인 형상이 못되면 이곳은 혈을 맺지 못하는 것으로 보고 있다.

(2) 용(龍)의 변화(變化)

대개 용은 그 변화가 무쌍하여 변화되는 것이라야 귀하게 본다.
용의 형체는 늙은 것으로부터 연한 것으로 변하기도 하고 거친 것
이 가늘어지기도 하고 또 흉한 것이 길한 것으로 변하여 바뀌는
것은 모두 변화의 오묘한 이치라 한다. 이 오묘하게 변화하는 이
치는 흡사 누에와 매미가 껍질을 벗는 것과 같다고 옛 산서(山
書)에서는 이르고 있다.

가령 금성(金星)으로 조산(祖山)에서 발맥하여 수성(水星)으로
변하고 수성이 다시 목성(木星)으로 변하여 목생화(木生火), 화생
토(火生土), 토생금(土生金), 금생수(金生水) 등으로 상생(相生)
이 되면 이는 모두 귀(貴)하나, 만일 금극목(金克木), 목극토(木
克土), 토극수(土克水) 등 상극(相克)으로 변화되면 좋지 못한 것
으로 본다. 그러나 옆에서 구원하는 성진(星辰)이 있으면 무관하
다고 한다. 가령 금성(金星), 행룡(行龍)에 목성(木星)이 혈을 지
으면 금극목(金克木)이 되어 흉하다. 그러나 좌우에서 화성(火星)
이 금성(金星)을 제어(制御)하거나 또는 수성(水星)이 있어서 목
성(木星)을 생조(生助)해주면 사주(四柱)에서처럼 무방한 것으로
본다.

이와 같이 오행의 원리를 쫓아 행하면 틀림이 없다. 이래서 무

룻 용맥은 변화가 있어야 조화가 생기고 조화가 있어야 오묘한 귀
격이 된다고 한다.

선흉후길(先凶後吉)도 　　　　선길후흉(先吉後凶)도

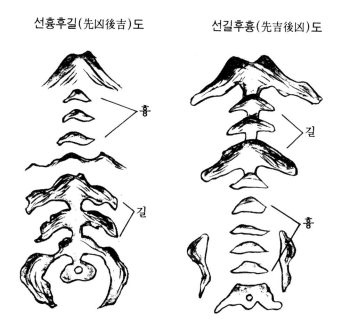

(3) 용(龍)의 과협(過峽)

옛 산서에 이르기를 땅을 보는 법은 먼저 용을 보는 것이 긴요
하고 용을 보는 법은 협(峽)을 살피는 것이 제일 요긴하다고 하
였다. 여기서 협(峽)이라 함은 용의 참된 정기(精氣)가 나타나고
이어지는 사람의 인후(咽候) 즉 목과 같은 곳을 협(峽)이라 한다.
대개 진실된 용맥에는 반드시 아름다운 협(峽)이 있고 아름다운
협(峽)이 있는 곳에는 길지(吉地)가 아닌 곳이 없다고 한다. 그러
므로 협(峽)의 선악(善惡)을 바르게 잘 살피면 그 용맥의 길흉과
혈(穴)의 융결(融結)된 진가(眞假 : 참과 거짓)를 미리 알 수가

있다.

대체로 용이 길게 뻗어 나가다가 한 번 끊어지는 듯하고 또 끊어지는 듯하면서 그 기맥이 학의 무릎과 벌의 허리처럼 가느다랗게 이어지게 되면 반드시 아름다운 좋은 길지(吉地)가 형성된다고 보고 있다.

○ 직협(直峽)

협(峽)을 지나는 맥(脈)은 굽은 것이 좋고 곧으면 사맥(死脈)이라 하여 좋지 않게 보고 있다. 단, 중간에 불룩 일어난 데가 있으면 비록 곧아도 귀격으로 친다.

제협(諸峽)의 유추도

곧은 사맥   불룩일어난 귀맥

○ 곡협(曲峽)

곡협(曲峽)은 굴곡이 활동하는 듯 생기가 있다. 이는 흡사 산뱀이 물을 건너는 현상이라 귀격으로 친다.

○ 천전협(穿田峽)

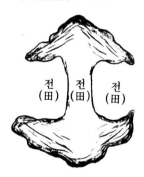

천전협(穿田峽)은 전부가 밭[田]인데 양쪽은 얕고 중앙에 맥이 지나는 밭은 높으다. 이렇게 되면 물의 나눔(分水)이 명백하여 귀격이 된다.

○ 쌍송(雙送) 쌍영(雙迎)의 협

보내고 맞이하는 용의 가지가 많으면 더욱 좋다. 이 때 역(逆)으로 맞이해도 이것을 역룡(逆龍)이라 하지 않는다.

○ 도수협(渡水峽)

도수협(渡水峽)은 물 가운데 협(峽)이 돌로 이어져 있다. 이 석맥(石脈)에도 기(氣)는 통하여 무방하게 보고 있다.

대개 용의•과협(過峽)은 그 맥이 중앙으로 나오고 형세가 양양하면서 활동적이고 좌우의 산들이 호종(護從)을 하면서 물의 나뉨(分水)이 명맥하고, 보내고(送) 맞음(迎)이 균일하면 모두 아름다운 귀격이 된다고 한다.

간혹 용의 형세는 아름다워도 과협(過峽)이 아름답지 못하여 일그러지거나 구렁이 나고 너무 곧고 길거나 물을 건너도 돌로 이어진 석량(石梁)이 없고 밭을 뚫고 지나도 정맥(正脈)이 없거나 호종(護從)하는 산이 없어 세찬 바람을 받게 되면 진실된 혈(穴)을 형성하지 못하여 가혈(假穴)이 된다고 한다.

특히 용 가운데 제일 흉하게 보는 용은 험상 굳게 생긴 용이먼 곳으로부터 뻗어와서 다시 깎이고 바뀐 것이 없고 과협(過峽)도 없이 곧게 혈장(穴場)까지 이르거나, 또는 굴곡과 달리는 형세는 있어도 과협(過峽)이 없으면 살기(殺氣)를 제어(制御)하지 못하여 가장 흉한 용이 된다고 한다.

만일 용의 그 웅장한 기세와 아름다운 봉우리만 탐하여 그릇 점혈(占穴)을 하게 되면 반드시 현실을 부정하는 사람이 나고 흉화가 계속 발생된다고 한다.

용은 모름지기 수려하고 평지로 내려오면서 살기(殺氣)를 벗고 변환(變換)이 되어야 귀하게 본다. 이래서 고산(高山-) 대룡(大龍)이 웅장은 해도 평지의 한 언덕 밑만 못하다고 한 것은 아마 이를 두고 한 말인가 생각된다.

3. 용(龍)의 구분(區分)

용을 크게 고산룡(高山龍)과 평지룡(平地龍)으로 대별을 하고 그 형체에 따라 그 이름도 다양하게 붙여지고 있다.

대체로 고산룡은 형체와 맥의 흐름이 분명하여 찾기가 쉬우나 평지룡은 지형이 평탄하고 시계(視界)가 무한하여 찾기에 어려움이 따르고 있다.

고산룡은 높고 큰 것일수록 좋고, 뻗어오는 형세는 웅장하고 산봉우리는 수려해야 하며, 가지와 다리[枝脚]는 번성하고 행맥(行脈)은 살아서 꿈틀거리듯 변화하고 혈장(穴場)을 감싸고 모여져야 하며, 사방의 형세는 유정하고 화평해야 좋다. 그러나 고산룡 가운데는 그 형세가 험준한 것도 있는데 이곳에 소위 고산(高山)의 와혈(窩穴)이라 하여 혈이 형성되기도 한다(와혈 참조).

평지룡(平地龍)도 조종(祖宗)에서 발맥하여 장막(帳幕)의 중심을 열고 뻗어오면서 깎이고 변화하여 평평하게 나아가고 굽어지는 곳이 넓어 오직 서로 이끌고 연해져 있어야 합격이다.

혈(穴)은 대개 산 이마(額) 부분에 형성되는데 이는 한 치만 높아도 산이 될 수 있고 한 치만 얕아도 물이 될 수 있다고 한다.

평지의 용은 그 은은히 곧고 굽어 움직임이 수마장, 혹은 수십 리에 가서 처음으로 물이 팔자(八字) 모양으로 갈라진 협(峽)을 이루기도 하고 혹은 돌뼈[石骨]가 약간 그 모습을 나타내는 곳도 있다고 한다. 이래서 그 용을 따라 흘러 내려온 물과 주변의 물이 한데 모이는 곳을 잘 살펴서 명당을 잡고 혈을 구하는 것이 좋다.

혈이 정해지는 곳은 자연의 생기가 모여 간혹 평평한 곳에 약간 불룩하게 솟은 곳이 있거나 소쿠리 모양으로 오목하게 벌어져 있기도 하고, 또는 소등[牛背]이나 풀 속에 뱀처럼 작은 맥으로 나와 입수(入首)처에 산천의 정기가 한데 모여져 혈을 맺는다고 한다. 평지의 용은 대개 고저(高低)가 분명하고 물이 두루거나 한 곳으로 합쳐져도 좋고 나갔다 들어왔다 하는 곡수(曲水)가 되어도 좋은 명지가 형성되는 것으로 보고 있다.

(1) 정룡(正龍)과 방룡(傍龍)

용에는 정룡(正龍)과 방룡(傍龍)이 있는데, 정룡은 조산(祖山)에서 올바르게 뻗은 줄기로서 정기(正氣)를 받아 강왕(强旺)하고 과협(過峽)되는 곳에 이르러서는 반드시 여러 산이 보호하여 바람과 물이 쏘는 것을 받지 않고 구불구불한 것이 모두 생동적(生動的)이며 기복(起伏)과 변화가 있고 그 머리가 단정하고 수려하며 가지들(枝龍)이 광채가 나고 양 옆의 산세가 모두 용의 본신(本身)을 호위하면서 떠나지 않고 혈이 되는 곳까지 이르게 되면 정룡(正龍)이라 한다.

이래서 정룡에는 산천의 정기(精氣)가 흐르고 산천정기(山川精氣)가 융결(融結)된 정룡(正龍), 진혈(眞穴)에서는 현인군자(賢人君子)와 고관대작(高官大爵)이 배출된다고 한다.

방룡(傍龍)은 정룡(正龍)과 조종(祖宗)을 같이 하고 기복(起伏)이 있고 떨어져 나오고 변화하고 그 밖에 가지[枝脚] 등이 있으나 정룡과는 달리 산천정기가 융결(融結)이 되지를 않아 정룡과는 우열(優劣)이 판이하다 해도 보통 벼슬은 무난히 성취할 수 있다고 한다.

⑵ 진룡(眞龍)과 가룡(假龍)

용에는 또한 진룡(眞龍)과 가룡(假龍)이 있는데 용의 참[眞]과 거짓[假]을 분별하는 것이 지리 가운데서 긴요한 일이다.

산서에서 진룡(眞龍)은 조종(祖宗)이 특이하고 장막(帳幕)의 중심을 뚫고 산봉우리들이 수려하고 가지[枝脚]가 있고 기복(起伏)과 변화가 있고 과협(過峽)이 있고 호종(護宗)하는 맥이 있는 등 아름다운 형세와 입수(入首)되는 곳에 혈장(穴場)이 분명하고 명당이 바르고 안산(案山)이 조공(朝貢)하고 물이 유정하여 모두 법에 부합된다고 하는데, 이는 천지자연의 묘리(妙理)라 한다.

가룡(假龍)도 정룡(正龍)이 갖추고 있는 것과 같이 조종(祖宗)과 개장(開帳), 지각(枝脚), 변환(變換) 등이 있어도 모든 것이 격(格)에 맞지 않고 아름답지를 못하다.

가룡은 비록 조종이 있으나 맥을 뻗어 나온 발맥처(發脈處)가 아름답지 못하고 불쑥 솟아 나온 것이 울퉁불퉁하고 거칠고 단단한 것이 살(殺)을 띠고 장막(帳幕)은 열었어도(開帳) 맥이 중심으로 나오지 않고 편벽되게 경사지고 호종(護從)하는 산이 없고 외롭게 빠지고 추악하고 기복(起伏)과 과맥(過脈)이 밝지 못하고 비록 과협(過峽)이 있어도 맞이하고 보호함이 없고 물이 겁(怯)을 주고 바람을 받고 처음은 좋은 형상으로 나오다가 차츰 흉한 형상으로 변하고 기운도 약하다. 입수(入首)되는 곳에 혈장은 있으나 모호하고 분명치 않아 혈을 가릴 수 없고 유(乳)가 있어도 곧고 단단하여 부스럼 같고 혹 돌(突)이 있어도 외롭게 드러나 흩어지고 머리가 기울고 일그러지며 험준한 산이 혈장(穴場)을 누르고 수성(水城 : 물)이 있어도 화살처럼 쏘는 듯하고 청룡과 백호가 있으나 서로 등을 돌리고 달아나 무정하

고 향하는 안산이 있어도 아름답지 못하는 것 등등의 모든 것이
취용(取用)할 바가 못되며, 아울러 이와 같은 가룡에는 참다운 혈
(穴)을 맺지 못한다고 한다.

⑶ 용(龍)의 등[背]과 면(面)

용의 등과 면은 산룡(山龍)의 유정하고 무정함을 구별하고 있
다. 대개 면(面)이 되는 곳은 광채가 있고 정돈되고 단정하면서
수려하고 유정하게 보이나, 등[背]이 되는 곳은 낭떠러진 데가 많
고 부스러지고 험준하고 추하며 가지와 다리가 없고 꺼지고 여위
어 무정하게 보인다. 대체로 등과 면은 조산(朝山)이나 호종(護
從)하는 산에도 있고 혈이나 평지룡(平地龍)에도 모두 있다. 그리
고 특히 정룡(正龍)은 장차 혈을 맺는 곳에 이르러서는 반드시
역행(逆行)으로 일변(一邊)을 향하고 들어와 면(面)을 열고 나서
혈을 맺게 되는데 앞에는 편편하게 자리가 형성되고 좌, 우에서는
산들이 호위를 한다고 한다. 또 어떤 곳은 산이 고리 모양으로 두
르기도 하고 물이 싸고 돌거나 모인 곳이 용의 면(面)이 되기도
하는데 혈(穴)을 찾을 때는 반드시 용의 면이 되는 유정한 곳에
서 찾는 게 좋다.

4. 내룡(來龍)의 기세(氣勢)

내룡(來龍)이란 태조산(太祖山)에서부터 뻗어 내려오는 모든
산줄기(山脈)를 내룡이라 칭한다.

이런 내룡 즉 산줄기들이 용과 흡사하다 해서 주맥(主脈)의 산
줄기를 주룡(主龍) 또는 원룡(元龍)이라 하고, 주맥에서 가지를

뻗은 산맥(山脈)을 기룡(岐龍 : 갈라진 용) 또는 분룡(分龍)이라
칭하기도 한다.

　이 외에도 용맥(龍脈)의 기세에 따라 생룡(生龍)과 사룡(死龍)
으로 구분을 하고 순룡(順龍), 회룡(回龍), 와룡(臥龍), 고룡(孤
龍), 역룡(逆龍) 등 많은 이름들이 붙여지고 있으나 이 수많은 내
룡 가운데에서도 혈을 맺어 주는 내룡도 있고 이와 달리 혈을 맺
어 주지 못하는 내룡도 허다하게 있는데, 이를 식물에 비유하면
나무 가지와 같아서 꽃이 맺는 가지도 있고 꽃을 맺지 못하는 가
지가 있는 것과 같이 그 이치가 흡사하다. 대개 그 내룡(來龍)의
발맥(發脈)처가 특이하면 앞으로 뚫고 나아가 변환(變換)하여 부
귀의 혈을 맺을 수 있으나 만일 그 발맥처가 추악하면 그 밑에
형성된 혈도 길지(吉地)는 못 된다고 한다.

　흔히들 용맥의 출신성분 운운하는데 이는 곧 그 용맥의 발맥처(發
脈處)를 뜻하는 것이다. 여기서 용맥의 출신이 좋은 곳(發脈處 :
발맥처)이란 곧 넓은 장막(帳幕)의 중심을 열고 수자(字) 모양으
로 뚫고 나와 내룡의 기세가 생기 있고 중간중간 봉우리를 일으키
며 그 기상이 훤칠하면서 풍만하고 또한 주산(主山)의 기운을 전
부 받을 수 있어야 좋은 혈이 형성된다고 본다. 대체로 내룡이 처
음 발맥할 때 여위고 약하고 기복(起伏)이 없이 추하고 기세가
허약해 보이면 이곳은 혈을 맺지 못하는 것으로 보고 있다.

　대개 용맥(龍脈)이 강왕한 생룡(生龍)에서는 대대로 자손이 번
성하고, 이와 달리 허약한 사룡(死龍)이 되면 대를 잇지 못하고,
풍만한 부룡(富龍)에서는 거부(巨富) 자손이 나고, 찢어진 천룡
(賤龍)이 되면 비천한 자손이 나고, 외로운 고룡(孤龍)에서는 자
손들이 고독하고, 가지가 많은 기룡(岐龍)에는 손세(孫勢)가 좋
고, 유순(柔順)한 순룡(順龍)에는 후덕한 자손이 나고, 흩어진 산

룡(散龍)에서는 재물이 흩어진다고 한다.

내룡의 강약도(强弱圖)

○ 생기(生氣) 있는 강룡도(强龍圖) ○ 무기(無氣)한 약룡도(弱龍圖)

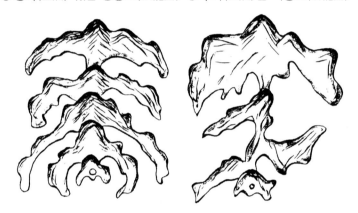

○ 무기(無氣)한 사룡도(死龍圖) ○ 생기(生氣)있는 순룡도(順龍圖)

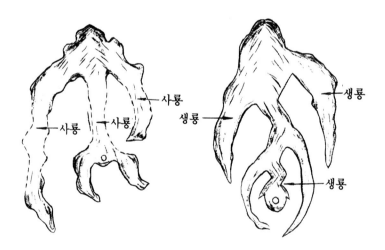

5. 용(龍)의 입수(入首)

용의 입수란 용맥이 혈(穴)을 지으려고 들어오는 머리로서 모든 기운을 모으고 있는 가장 중요한 머리(首)가 되는 곳이다. 이를 식물에 비유하여 꽃(花)의 꼭지와 같은 부위라고 한다. 이래서 비록 입수 용맥의 좌우에 청룡과 백호가 감싸고 명당, 안산(案山)이 모두 좋아도 입수맥(入首脈)에 참다운 기운이 모여지지 않으면 소용이 없다고 한다.

옛 산서(山書)에서 이르기를 "소조산(小祖山) 이상의 용세(龍勢) 좋은 것만을 탐내지 말고 오직 용(龍)의 머리 즉 입수(入首)된 곳에 모여진 기운을 중시해야 한다"라 하였는데, 이는 가까운 혈(穴)뒤 2~3절(節) 내지 4~5절(節)을 잘 살펴서 입수의 진부(眞否)를 가리라는 것이다. 이래서 입수의 맥은 밝고 광채가 나며 풍후(豊厚)하면서 윤기가 있고 용맥이 끊어짐이 없이 산천의 정기가 모여 결속(結束)이 되어야 명당이 된다고 한다.

생기입수도(生氣入首圖)   무기입수도(無氣入首圖)

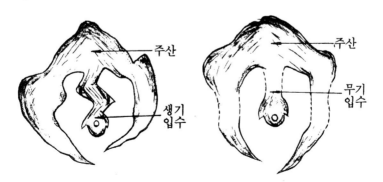

주산   주산

생기   무기
입수   입수

대개 입수맥(入首脈)이 밝고 광채가 나면 고귀(高貴)한 자손이 배출되고 풍만하고 윤기가 있으면 거부(巨富)의 자손이 된다. 만일 그렇지 못하고 허약하거나 무기력하면 수명이 짧고 비천한 자손이 나는 것으로 보고 있다. 그리고 간혹 뒤 용맥의 마디마디가 흉해도 입수(入首)된 한 두 절(節)이 좋으면 대개 한 두 대(代)는 발복을 하다가 흉성(凶星)의 연대에 이르면 쇠잔해진다고 하며, 이와 달리 뒤 내룡의 마디마디가 아름답고 혈장(穴場)이 비록 좋아도 입수(入首)된 한 두 절(節)이 흉하면 당대에는 흉하다가 2~3대부터는 다시 발복이 된다고 보고 있다.

6. 청룡(靑龍)과 백호(白虎)

청룡(靑龍)과 백호(白虎)는 내룡(來龍)에서 분기(分岐)되어 혈지(穴地) 좌우에서 당혈(當穴)을 보호하고 있는 산등성이를 말한다.

다시 말하면 혈지(穴地)의 좌측에 있는 산맥을 청룡(靑龍)이라 하고 우측에 있는 산맥을 백호(白虎)라 이르는데, 내룡(來龍)에서 분기(分岐)되어 가장 가까이 있는 것을 내청룡(內靑龍) 내백호(內白虎)라 하고, 그 다음에 있는 것을 외청룡(外靑龍) 외백호(外白虎)라 부른다.

대개 옛 산서에 청룡이다 백호다 이름한 것은 곧 좌우 산수(山水)의 음양(陰陽)을 의미하는 것으로 본다.

본시 북쪽이 높고 남쪽이 평평한 지세자연(地勢自然)의 원리를 따라 혈산(穴山)도 북좌남향(北坐南向)을 가정하여 붙여진 이름이다.

그러므로 좌측은 동방이니 청(靑)이 위주가 되고, 우측은 서방

이니 백(白)이 위주가 된다(북방 : 흑, 남방 : 적, 중앙 : 황). 따라
서 동서가 음양이 되고 동청(東靑) 서백(西白)이 되므로 좌청룡
(左靑龍) 우백호(右白虎)라 칭하게 된 것이다.

본시 용(龍)은 물에서 사는 영물(靈物)이므로 물을 뜻하고, 범
(虎)은 산에서 사는 영물이므로 산을 의미한다. 이래서 산과 물은
음양이 되어 좌우의 산령(山靈)과 수령(水靈)을 내포한 참뜻이
담겨져 있다고 본다.

청백(靑白) 즉 좌우의 음양변화와 용호(龍虎), 산수(山水)의 굴
곡변화를 뜻하는데 이를 종합하여 청룡(靑龍)이다. 백호(白虎)다
이르면서 산은 산대로 청룡산 백호산이라 하고 물은 물대로 청룡
수(靑龍水) 백호수(白虎水)로 부르기도 한다.

그리고 대체적으로 청룡은 본손(本孫)을 의미하고 백호는 외손
(外孫)을 의미하는데, 청룡산이 첩첩으로 포옹하고 있으면 본손들
이 왕성하고 반대로 백호산이 첩첩으로 감싸면 외손들이 왕성하
며, 청룡과 백호가 다같이 중첩이 되면 친손과 외손이 다 함께 흥
왕하다고 한다.

간혹 평양지(平洋地)의 결혈지(結穴地)에서 좌우에 청룡과 백
호가 없으면 혈(穴)의 좌우에서 받치고 있는 선익(蟬翼)이 청룡
과 백호의 역할을 대신하는 것으로 보고 있다.

그리고 청룡과 백호는 수려하고 유순하면서 감싸고 있어야 길격
이 되는데 만일 이와 같지 않고 기복(起伏)이 심하거나 등을 돌
리고 달아나게 되면 좋지 못한 것으로 친다.

용호(龍虎)의 길흉도(吉凶圖)

용호순정도

백호   청룡

용호역주도

역기산
(逆氣山)   역기산
(逆氣山)

용호포옹도

백호   청룡

용호단절도

단맥   절맥

단맥

대체로 청룡과 백호의 보호가 있으면 부부가 화목하고 이와 반대로 청룡과 백호의 보호가 없으면 부부가 무정하며, 또한 청룡이 등지고 달아나면 남자가 여자를 돌보지 아니하고 백호가 무정하게 달아나면 여자가 남편을 따르지 아니하며, 청룡과 백호가 서로 등지고 있으면 부부는 무정하여 종내에는 이혼에까지 이른다고 한다.

그리고 청룡산이 바르고 유순하면 효자와 충신이 이어지고 백호산이 아름답고 유순하면 효부와 열녀가 많이 나며, 청룡과 백호가 다 함께 높고 크면 본손과 외손이 다같이 흥왕하고 만일 서로 등지고 달아나게 되면 모두 제각기 흩어져 살게 되며, 또한 찢어지거나 흩어져 보이면 집안이 빈한하고, 산세가 험난하면 후손들

이 방탕하고, 맥이 끊어지거나 잘라지게 되면 모두 불길한 것으로
보고 있다.

7. 안산(案山)과 조산(朝山)

안산(案山)이란 당혈(當穴)의 정면에 있는 작은 산을 안산이라
하고, 조산(朝山)은 안산과 청룡 백호 밖에 있는 높고 큰 모든 산
들을 조산(朝山)이라 칭한다.

안산은 간혹 청룡산의 끝이 안산이 되기도 하고 또는 백호산의
끝이 안산이 되기도 하며 또 외래산(外來山)이 되기도 하는데, 이
안산은 혈산(穴山)을 위해서 정면에 위치하고 책상과 같은 소임
을 하여 그 길흉도 다양하게 분류되고 있지만 대체로 단정하고 수
려하면서 유정하게 휘감고 있는 게 길상이다.

대개 한일자 모양의 일자(一字) 안산과 방명(榜名)을 건 듯한
괘방(掛榜) 안산, 독립된 독봉(獨峰) 안산, 일산(日傘)을 펼친 듯
한 일산(日傘) 안산, 붓 모양을 한 필봉(筆峰) 안산 등등은 가장
좋게 보는 안산으로서 정혈(正穴) 길지(吉地)에 있고, 반대로 등
을 돌리거나 기울어진 배경(背傾) 안산과 찢어지고 흩어진 파산
(破産) 안산, 산세가 험난한 험난(險亂) 안산, 여자 치마를 건 듯
한 현군(懸裙) 안산 등등은 가장 좋지 못한 형상으로 보며, 대개
이와 같은 안산은 비혈(非穴) 흉지(凶地)에 있다고 한다.

안산의 보기로 다음과 같은 전설이 있다. 경북 안동군(安東郡)
임동면(臨東面) 수다산(水多山)에 고성 이씨(固城李氏)의 선산이
있는데 이 산은 「와우형」(臥牛形) 즉 소가 엎드려 있는 형국(形
局)이며 묘지는 와우의 뿔에 해당하는 곳에 있으며 또 비위(妣位 :
부인)의 묘는 와우 복부 유방되는 곳에 썼으며 가까이 "황소 고

개"가 있고 이 와우는 암소인 셈이다.

아무튼 이 산에 선산을 모시고서 자손이 번성하고 고관이 많이 배출되었다고 한다. 그런데 이 고관들이 시제(時祭) 등 선산에 내려올 적마다 근동의 사람들이 동원되고 묘역의 치산 등 민폐가 심했던 모양이다.

어느 해 한 나그네 스님이 지나다가 동민의 호소를 듣고 묘지를 답사해 보니 과연 훌륭한 '명당'이었다.

스님은 이르기를 "묘지 전방에 쌀겨처럼 생긴 바위가 있는데 그것이 이를테면 와우의 식량이 되므로 그 바위를 깨뜨려 버리면 산국(山局)이 깨지게 된다"라 하였다.

부락 사람들은 스님의 말을 좇아 그 바위를 캐내고 깨뜨려 버렸다. 이것을 들은 이씨들은 깨진 바위를 다시 맞추어 이전대로 해놓았지만 그런 뒤로는 고위 관직은 나오지 않고 소관(小官)만 나왔다고 한다(참고로 고성 이씨는 고려 때 명족이다).

조산(朝山)은 주산(主山)에 대하는 모습이 마치 인군과 신하가 조회(朝會)를 할 때 신하가 인군을 대하는 듯하다 해서 조산이라 칭한다.

이래서 주산(主山)은 군왕이 정좌(正坐)를 한 형상이 되고 조산(朝山)은 만조백관(滿朝百官)이 조응(朝應)하는 듯한 형상을 이루어야 좋은 조산(朝山)이 된다고 한다.

그리하여 성곽이 둘러 있는 듯한 여성(如城) 조산과, 말을 타고 달리는 듯한 기마(騎馬) 조산, 촛불을 밝혀 놓은 듯한 옥촉(玉燭) 조산, 머리에 복건(幞巾)을 쓴 듯한 복두(幞頭) 조산 등등은 가장 귀하게 여기는 조산으로서 진혈(眞穴) 길지(吉地)에 조응(朝應)하고, 이와 반대로 산세가 험악한 험악(險惡) 조산과 기복이 심한 기복(起伏) 조산, 뭉드러진 창 끝과 같은 창일(槍釰) 조산, 보기 흉한 암석(岩石)으로 이룩된 흉암(凶岩) 조산, 멀리서 엿보는 규봉(窺峰) 조산 등등은 가장 꺼리는 조산으로서 대개 비혈(非穴) 흉지(凶地)에서 흔히 볼 수 있다.

예컨대 그 모양이 네모지고 빼어난 것은 고위 고관이 배출되고, 뾰족하게 빼어난 것은 문장가를 낳으며, 둥글고도 비만한 것은 큰 부자를 낳는다고 한다. 이를 앞에서 말한 오성으로 말한다면 토성이 가장 좋고 금성, 목성이 버금이며 수성, 화성이 그 다음이라 한다.

안산(案山)과 조산(朝山)의 길흉도

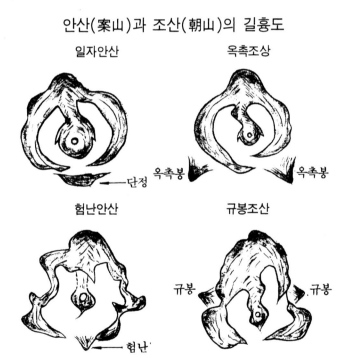

대개 일자(一字) 안산이나 괘방(掛榜) 안산이 있는 곳에는 자
손들이 높은 벼슬에 오르고, 독봉(獨峰)이 되어 있는 안산에서는
자손들이 부귀하고, 일산(日傘) 안산이 있으면 국가 고시에 합격
하고, 필봉(筆峰) 안산이 있는 곳에는 영재와 문장이 배출된다고
한다. 이와 반대로 파산(破散) 안산에는 재산이 흩어지고, 등을
돌린 배경(背傾) 안산이 있으면 자손들이 배반을 하고, 험난(險
亂) 안산에서는 원성이 높고, 현군(懸裙) 안산이 있는 곳에는 음
탕한 자손이 난다고 한다.

그리고 성곽과 같은 여성(如城) 조산이 있는 곳에는 후손들이
대부(大富)하고, 기마(騎馬) 조산에서는 무관(武官)이 배출되며,
옥촉(玉燭) 조산이 있는 곳에는 문장이 빛나고, 복두(幞頭) 조산
이 있는 곳에는 어진 후손이 난다고 한다.

이와 반대로 흉암(凶岩) 조산이 있으면 원성이 높고, 규봉(窺
峰) 조산이 있는 곳에는 어지러운 후손이 나며, 창일(槍釰) 조산
이 있으면 후손이 참사(慘死)가 생기고, 기복(起伏)이 심한 조산
에서는 흥패(興敗)가 빈번하다고 한다.

제 3 장
심혈(尋穴)과 혈상(穴相)

심혈(尋穴)과 혈상(穴相)

1. 심혈(尋穴 : 혈을 찾는 법)

　여기서 혈(穴)이라 함은 땅 속에 있는 생기(生氣)가 총 결집(結集)되어 있는 지점을 혈(穴)이라 이르는데 이는 곧 명당 자리의 핵심(核心)이 되는 곳으로서 항상 바람과 물이 감싸고 돌아서 음습(陰濕)하지도 않고 건조(乾燥)하지도 않아 한서(寒暑)의 차가 가장 적은 온화한 곳이다.

　그리고 혈이 맺어지는 곳은 입수용맥(入首龍脈)의 모아진 기운을 완전히 받아서 결혈(結穴)이 되는데 이는 마치 식물에서 꽃송이가 맺히는 것과 같다 해서 산천의 꽃송이라고도 한다.

　혈의 생김도 꽃송이에 비유하여 입수(入首)는 꽃꼭지와 같은 곳이 되고, 혈(穴)은 꽃송이의 중심을 이루는 꽃심[花心]과 같은 요부(要部)가 되며, 전순(前唇)은 입수용맥(入首龍脈)의 여기(餘氣 : 남은 기운)가 뭉쳐 있어 꽃술과 같고, 선익(蟬翼)은 혈을 보호하여 꽃받침과 같은 곳이라 한다.

　풍수지리에서 생성(生成)하는 정룡(正龍)을 찾는 것도 어렵지만 올바른 진혈(眞穴)을 찾기는 더욱 어려운 일이라 하였다. 그러나 생성하는 정룡(正龍)에는 반드시 생기(生氣)가 결집(結集)된 진혈(眞穴)이 있으며, 또한 용혈(龍穴)에 산천의 정기(精氣)가 응

결혈(結穴)추상도

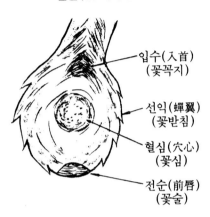

입수(入首)
(꽃꼭지)

선익(蟬翼)
(꽃받침)

혈심(穴心)
(꽃심)

전순(前脣)
(꽃술)

결하게 되면 청룡(靑龍)과 백호(白虎)가 호위를 하고 안산(案山),
안수(案水)와 파구(破口), 나성(羅城 : 외곽의 산) 등이 자연스럽
게 상합(相合)하여 조화를 이룬다고 한다. 이래서 혈지(穴地)는
대소를 막론하고 생기는 그 이치는 동일하나 혈의 모양은 지형과
지세에 따라 각각 다르고 천차만별(千差萬別)하다고 한다.

대체로 풍수지리에 부합이 되는 정혈(正穴)은 혈장(穴場)의 후
면에 아름다운 산이 있고 전면에는 기이하게 응대(應待)하는 길
사(吉砂)가 있으며 청룡과 백호의 포옹이 있고, 또한 수려한 안산
과 흐르는 물도 모이는 곳이 있고 혈지(穴地)의 밑은 바르고 단
정하며 전순(前脣 : 혈 앞이 입술처럼 생긴 것)이 뭉쳐져 있고, 또
한 혈지(穴地)의 좌우에는 흡사 뱀이 개구리를 잡아 먹은 것처럼
양 옆이 불룩하다고 한다.

그러나 혈의 형태도 천태만상(千態萬象)이라 한결같지 아니하
고 혈의 위치도 각각 달리하여 제가(諸家)의 혈지(穴地)를 찾는
방법도 구구하고 다양하다.

옛 글에 이르기를 혈이 맺어진 곳(結穴)에는 반드시 어떤 증좌

(證左)가 있다고 한다. 즉 내룡(來龍)이 처음 발맥(發脈)한 곳 조
산(祖山)에는 항상 구름도 아니고 안개도 아닌 다른 어떤 뿌연
것들이 서리기도 하고 바람과 물은 항상 혈을 감싸고 돌아서 음습
(陰濕)하지도 않고 건조(乾燥)하지도 않게 서로 상응(相應)하며,
또한 주변의 산들도 한 혈을 형성하기 위하여 존재하듯이 ·혈을 감
싸고 있다 한다.

　이상과 같은 「혈」의 형국(形局)을 찾는 방법도 각자가 상이하
고 다양하다.

(1) 주산(主山)을 보고 혈지(穴地)를 찾을 때

　주산(主山)을 보고 혈지(穴地)를 찾을 때에는 주위에 높고 아
름다운 산이 있으면 그 수려(秀麗)한 주 용맥(龍脈)이 어느 방향
으로 뻗어 갔는가를 살피고 따라가 서로 향응(向應)하고 있는 밑
부분에 가서 찾아야 한다. 대개 주산이 둥글면 결혈(結穴)은 가까
운 곳에서 형성되기 쉬우니 가까운 지점 내맥(來脈 : 뻗어온 산의
맥)의 기운이 뭉쳐 있고 포용된 곳을 찾아 가서 혈의 모양과 같
은 지점을 관찰하면 된다. 만일 주산의 생김이 길면 대개 혈장(穴
場)은 먼 곳에서 결혈(結穴)이 되는 것으로 본다.

(2) 내룡(來龍)을 보고 혈지(穴地)를 찾을 때

　내룡을 보고 혈지를 찾을 때에는 그 내룡이 주룡(主龍)이든, 기
룡(岐龍)이든 간에 주위에서 보호를 받을 수 있어야 참다운 용
즉 살아 있는 생룡(生龍)이 된다고 한다. 이는 곧 청룡이 보호를
하든지, 백호가 보호를 하든지 반드시 보호를 하는 산이 있어야
하며, 또한 이러한 생룡(生龍)의 밑이라야 좋은 혈지(穴地)를 얻

을 수 있다고 한다. 그리고 이와 같은 용맥(龍脈)을 찾아서 갈 지
자(之)와 같이 굴곡이 잦으면 혈지는 가까운 곳에서 맺힐 수 있
고, 반대로 굴곡이 없이 쭉 뻗으면 멀리서 결혈(結穴)될 수 있으
니 용맥(龍脈)의 형상을 잘 살피고 멀든, 가깝든 간에 바람이 닿
지 않고 물이 모여드는 곳에서 혈장을 찾으면 된다.

(3) 사격(砂格)을 보고 혈지(穴地)를 찾을 때

사격(砂格 : 주위에 있는 산의 형체)을 보고 혈지를 찾는 방법
인데, 사격(砂格)에도 길흉사(吉凶砂)가 있으니 단 한 가지라도
길사(吉砂)가 있는 곳을 유심히 살펴 보아야 한다.

이는 사격(砂格)의 향배(向背 : 서로 향하고 등진 것)를 보아서
서로 향응하는 곳에는 반드시 혈지가 형성되어 있다는 증좌(證
左)이며, 또한 기이하고 수려한 산이 있거나 명활(明活)한 물이
있는 곳은 곧 혈지를 보호하고 있다는 것으로 보니 이러한 곳을
찾아 먼저 주산과 내룡(來龍)을 살피고 산이 그치는 지점에서 혈
장(穴場)을 찾으면 된다.

(4) 주위 산룡(山龍)의 응기(應氣)를 보고 혈지(穴地) 를 찾을 때

주위에 있는 산룡(山龍)의 응기(應氣 : 서로 응대하는 기운)를
보고 혈지를 찾기도 하는데 주변에 있는 산천의 정기가 모인 곳은
혈지를 위한 형태의 나성(羅星 : 줄지어 빛나는 별)으로 보고 있
다. 산룡의 기운이 모이는 데도 큰 형세로 모이는 곳도 있고 또한
작은 형세로 모이는 곳도 있으니 먼저 큰 형세의 모임부터 살피고
다음 작은 형세의 모임을 살피면서 찾아 들어간다. 대개 산천의

정기(精氣)가 모이는 곳은 산과 물이 둥근 형세로 모이는데, 이는 좌우의 산들이 좋게 나열(羅列)하여 공허(空虛)한 곳을 보장하고 있기 때문이다.

이와 같이 산세의 모임이 있으면 반드시 여기에는 혈지(穴地)가 형성된다고 보고 있다. 그 중에서도 참다운 진룡(眞龍)을 잘 보고 가려서 그 기운이 그치는 지점에 작은 형세의 국(局)을 찾아 혈의 모양을 살피고 혈장(穴場)을 정하면 무난하리라.

이 외에도 제가(諸家)의 여러 혈법(穴法)이 상이하고 다양하게 많으나 이를 꽃나무에 비유해서 표현하면 꽃이 나무의 뿌리 부분이나 큰 줄기에는 잘 맺지 않고 끝가지에 가서 맺는 것과 같이 용맥(龍脈)의 혈지(穴地)도 대개 산룡(山龍)의 끝 부분에서 산천의 정기가 많이 융결되고 참다운 정혈(正穴)이 맺어진다.

그러나 모든 산천의 기운이 상부에 모이면 상층에 혈이 맺히게 되고, 중부에 모이면 중층에 혈이 맺히며, 하부에 모이면 하층에 결혈(結穴)이 되는 것으로 보고 있다.

이상과 같이 산천의 정기(精氣)가 모여 결혈(結穴)이 된다고 하였는데 이론상으로는 쉬워도 실제적으로 하나의 기(氣)라는 글자를 한 말로 표현하기도 어렵거니와 또한 생기(生氣)가 모여 융결(融結)된 결혈(結穴)지점을 찾아 진가(眞假)를 가리기가 보통 사람으로서는 여간 어려운 일이 아니라고 본다.

2. 혈(穴)의 형상(形相)

혈(穴)의 형상도 천태만상(千態萬象)으로 그 모양이 다양하나 실상(實相)은 음(陰)과 양(陽) 두 가지로 대별한다. 즉 음(陰)이 오면 양(陽)이 받고(陰來陽受) 양(陽)이 오면 (陰)이 받는(陽來

陰受) 것뿐이며, 그 형체와 모양도 凹, 凸과 같은 것이라 한다.

　이는 음양의 원리에 입각하여 음 가운데 양이 있고 양 가운데 음이 있으므로 태양(太陽), 소양(小陽), 태음(太陰), 소음(小陰)의 사상(四象)이 있고, 그 형체는 와(窩), 겸(鉗), 유(乳), 돌(突) 등 사대형격(四大形格)으로 분류를 하고 있으나 무엇보다 먼저 각각 생기(生氣)를 얻어야 하며 생기를 얻은 뒤 그 형격(形格)이 참다우면 진격(眞格)이 될 수 있다고 한다.

(1) 와형혈(窩形穴)

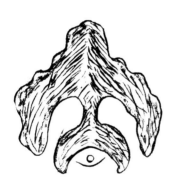

　와형(窩形)의 혈은 그 모양이 그림과 같이 오목하게 생긴 것이 소쿠리 안과 같다.

　이와 같은 모양의 혈은 평지에서도 흔히 볼 수 있고 더욱 높은 산에서도 많이 볼 수 있는 형상이다. 대개 높은 산에서는 오목(凹)한 곳으로 진혈(眞穴)을 삼고 평지에서는 우뚝(凸)한 곳으로 진혈을 삼는다. 와(窩)의 형상에도 심와(深窩 : 깊은 와), 천와(淺窩 : 얕은 와), 협와(陜窩 : 좁은 와), 활와(濶窩 : 넓은 와) 등 4격(四格)이 있는데 이는 모두 좌우가 균일한 것을 정격(正格)으로 치며, 좌우가 기울거나 일그러지면 변격(變格)으로 보고 있다.

　그리고 4격의 형상(形象) 가운데에도 두 개의 형상이 있는데, 첫째 오목한 와(窩) 가운데에 미미하게 여자의 젖모습처럼(乳相形) 불룩한 곳이 있으면 그곳을 가려서 점혈(占穴)을 하고, 둘째 오목한 곳(窩)을 쳐다 보면 가마솥(釜)을 엎어 놓은 것과 같이 우뚝하게 솟아 있는 곳(突相形)이 있다면 그곳을 가려서 점혈(占穴)을 하면 모두 좋은 것으로 본다.

와형(窩形)의 네 격(四格)을 다음 그림과 같이 표현하고 있으니 상세히 관찰하기 바란다.

㈎ 심와(沈窩)

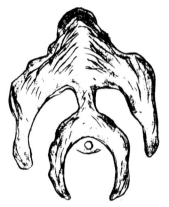

심와(深窩 : 깊은 와)의, 혈은 그 오목하게 생긴 모양이 입을 열어 깊이 감춘 격이다. 너무 깊어서 오목하게 꺼질 정도가 되면 불가하다. 다만 「와」 가운데에 미미한 젖모습(乳突形)과 같은 것이 있으면 비록 깊어도 꺼리지 않으나 젖모습(乳相)같은 것이 없고 꺼진 듯하면 좋지 않게 본다. 그리고 와 가운데가 둥굴면서 맑고 큰 능선(陵線)이 명백하고 양 끝이 안으로 향해 싸여 있으면 합격으로 취용을, 만일 「와」가 너무 깊고 유돌(乳突)이 없으면서 「와」 가운데가 일그러지고 좌우가 기울고 고르지 못하면 이는 빈 허와(虛窩)로 보고 있다.

㈏ 천와(淺窩)

천와(淺窩)의 혈은 그 오목하게 생긴 형상이 제껴진 소반처럼 얕은 것을 말한다. 그러나 너무 얕으면 좋지 않게 본다. 대체로 그 모양이 연잎[蓮葉]처럼 생기면 좋고 또 양끝이 활처럼 안을 향해 유정하게 감싸고 있으면 합격으로 친다. 그러나 너무 얕아서 평평하게 보이면 무정한 것으로 본다.

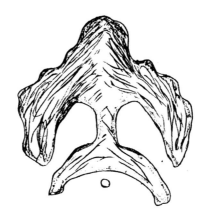

(다) 활와(濶窩)

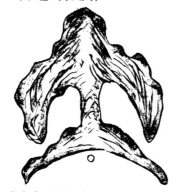

활와(濶窩)는 그 오목하게 생긴 모양이 넓은 것을 활와라 하는데, 너무 넓어서 공허(空虛)하게 보이고 좌우가 기울면 좋지 못한 것으로 본다. 그러나 다만 와 가운데에 미미한 유돌(乳突 : 여자의 젖 모습)이 있으면서 둥글고 활등과 같은 능선이 명백하고 양 끝이 유정하게 안을 향해 감싸고 있으면 합격으로 친다. 만일 넓은 「와」에 유돌(乳突)이 분명치 못하고 좌우가 기울거나 일그러지면 불가하므로 점혈(占穴)을 해서는 안 된다.

(라) 협와(陜窩)

협와(陜窩)는 그 오목하게 생긴 모양이 좁은 것을 이른다. 너무 좁은 것도 좋지 못하기는 하나 그래도 와 가운데가 둥글고 깨끗하면서 활등과 같은 능선이 명백하고 양 끝이 안을 향해 감싸고 있

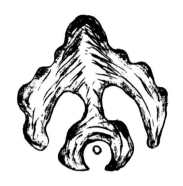

으면 합격으로 친다. 이와 반대로 「와」가운데가 너무 좁고 둥글지 못하면서 용맥이 분명치 않고 좌우가 고르지 못하면 흉한 것으로 보고 있으니 경솔히 점혈(占穴)을 해서는 안 된다.

(2) 겸형혈(鉗形穴)

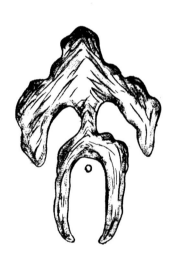

겸형(鉗形)의 혈은 그 형체가 그림과 같이 두 다리를 쭉 뻗은 것이 채 다리와 같다고 해서 개각(開脚)혈이라고도 한다. 이와 같은 형체의 혈은 높은 산이나 평지에 모두 있으며 겸혈(鉗穴)에도 두 가지의 형체가 있다. 그 하나는 겸(鉗) 가운데에 여자의 젖 모습과 같은 유혈(乳穴)이 있고, 또 하나는 '겸(鉗) 안에 작은 와형(窩形)이 있는데 이는 모두 좋은 형상으로 보고 있다.

그리고 겸형(鉗形)에는 5격(五格)이 있는데, 즉 직겸(直鉗), 곡겸(曲鉗), 장겸(長鉗), 단겸(短鉗), 쌍겸(雙鉗) 등 이 5격을 정격(正格)으로 치고 있다.

(가) 직겸(直鉗)

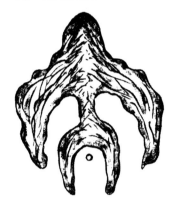

직겸(直鉗)은 그 모양이 그림과 같이 좌우의 두 다리가 모두 곧은 것을 이르는데, 이 두 다리의 형체가 너무 길고 단단하면 좋지 못한 것으로 본다. 이는 반드시 아름다우면서 짧고 작아야 좋으며 특히 오른편 안산(案山)이 가로(橫) 둘러 있으면 더욱 아름답게 본다.

대체로 직겸(直鉗)은 모름지기 이마 부위가 단정하고 둥글면서 겸 가운데로 기운이 모이고 감추어져야 합격이다.

만일 두 다리의 형체가 곧고 길면 내당(內堂)의 기운을 이끌어 나간 듯 지나치게 되면 부적합하다.

이래서 직겸은 꼭 껴안아 쌓아 안은듯 몸 가깝게 포옹이 되어야 좋은 격이 된다.

(나) 곡겸(曲鉗)

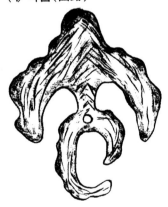

곡겸(曲鉗)은 좌우의 두 다리가 활같이 내당(內堂)을 감싸 안고 유정하게 그림과 같이 혈지(穴地)를 포옹해야 좋다. 특히 이마 부위는 단정하게 둥글고 겸(鉗) 가운데로 기운이 모이면서 감싸져야 합격으로 친다. 만일 두 다리가 감싸져야 그림과 같이 되어도 이마가 단정치 못하고 물

이 머리를 쏘는 듯하면 이는 좋지 못하고 참된 결혈(結穴)이 못
되는 것으로 본다.

(다) 장겸(長鉗)

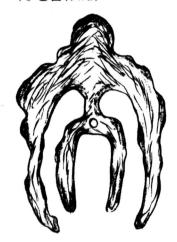

장겸(長鉗)은 좌우의 두 다리
가 그림과 같이 모두 긴 것인데
곧고 단단하면서 너무 긴 것은
좋게 보지 않는다. 다리가 곧고
지나치게 길면 내당에 있는 기운
이 끌려 나가 흩어지게 되어 좋
지 못하다. 그러나 앞에 있는 안
산(案山)이 가로막고 감싸 안으
면 길어도 꺼리지 않는다.

(라) 단겸(短鉗)

단겸(短鉗)은 좌우의 두 다리가 그림과 같이 모두 짧은 것을
이르는데 두 다리가 너무 짧아도 내당에 혈(穴)을 보호하지 못
하게 된다. 짧아도 알맞게 짧고

주변에 있는 산들이 밖에서 포
옹하고 호위를 해야 합격으로
친다. 만일 그렇지 못하면 너무
외롭고 내당(內堂)의 기운이 흩
어지게 되어 진실된 결혈(結穴)
이라 볼 수 없다.

㈑ 쌍겸(雙鉗)

가. 유정한 쌍겸

쌍겸(雙鉗)은 좌우의 두 다리가 모두 두 가지(二枝) 이상으로 갈라진 형상을 이르는데 비록 다리가 많아도 서로 유정하게 사귐이 있고 아름다워야 좋다. 다시 말하면 그림 「가」와 같이 하나는 앞서고 하나는 뒤서면서 뾰족하게 생긴 것이 서로 찌르지 않아야 좋은 격으로 친다.

나. 쏘는 듯한 쌍겸

그림 「나」는 뾰족한 두 다리가 서로 마주보고 쏘는 듯한 쌍겸이 되어 좋지 못하다.

(3) 유형혈(乳形穴)

유형(乳形)의 혈은 그 형체가 그림과 같이 여자의 젖가슴처럼

생겼다 하여 유혈(乳穴)이라 이른다. 이는 모두 두 팔이 있고 그 중간에 젖 모양처럼 불룩하게 혈(穴)을 형성하는데, 이와 같은 모양의 혈은 평지에도 흔히 있고 높은 산에서도 많이 볼 수 있다.

유형혈(乳形穴)에도 그 형체가 여자의 젖모습처럼 위로 달아 맨 듯한 현유혈(懸乳穴)이 있고 또 밑으로 처진 듯한 수유혈(垂乳穴)과 젖꼭지처럼 생긴 유두혈(乳頭穴)이 있는데 이를 또 장유(長乳 : 긴젖), 단유(短乳 : 짧은 젖), 대유(大乳 : 큰젖), 소유(小乳 : 작은 젖), 쌍수유(雙垂乳 : 쌍젖), 삼수유(三垂乳 : 셋이 달린 젖) 등 모두 여섯 격(六格)이 있는데, 이 가운데에서 장(長), 단(短), 대(大), 소(小)의 네 격(四格)은 정격(正格)으로 보고 쌍수유(雙垂乳)와 삼수유(三垂乳)는 변격(變格)으로 친다.

유혈(乳穴)에는 생기(生氣)가 모이는 곳이라 하여 반드시 두 팔이 에워 싸고 뒤에 있는 용이 생기가 있고 입수(入首)가 명백하면 가장 귀하게 여긴다.

특히 하나의 젖이 정 가운데 있으면서 젖 모습 위가 둥글면 더욱 아름다우나 만일 그렇지 못하고 양 팔이 무정하게 벌어졌거나 좌, 우가 일그러져서 바람이 닿고 물이 찌르게 되면(射水) 크게 불길한 것으로 본다.

㈎ 장유(長乳)

장유(長乳)는 젖 모습과 같은 유형(乳形)이 그림처럼 긴 것을 말하는데 유(乳)가 너무 길면 맥이 살지 않는 것으로 본다. 대개

장유(長乳)의 혈(穴)에서는 상·중
·하 세 곳에 점혈(占穴)을 하는데
이 가운데에서도 가장 평탄한 곳에
전후 좌우의 유무정(有無情)함을 살
펴서 점혈(占穴)을 하는 것이 좋다.
너무 준급(峻急)하고 단단한 곳을
억지로 파내면서 좋은 모양을 만들
려고 하면 용이 상하기 때문에 자연
을 훼손해서는 안 된다.

유혈은 모름지기 두 팔이 안으로
정중하게 감싸고 젖 모습 하나가 준급하지도 않고 거칠지도 않으
면서 다정해야만 합격이다.

(나) 단유(短乳)

단유(短乳)는 그 젖 모습과 같은
유형(乳形)이 짧은 것을 말하는데
두 팔 중간에 있는 젖 모습(垂乳)이
너무 짧아도 힘이 적고 기(氣)가 약
하므로 짧아도 적당히 짧아야 하고
물의 흐름이 분명하면서 좋아야 길
격이 된다.

(다) 대유(大乳)와 소유(小乳)

대유(大乳)와 소유(小乳)는 그 젖 모습이 특이하게 크거나 너
무 작은 것을 뜻한다. 대체로 젖 모습의 형체가 너무 크면 거칠고
완만하여 좋지 않게 본다. 반대로 유(乳)가 너무 작아도 힘과 기

운이 약하여 좋지 못하며 특히 좌우에 있는 산들이 고대하고 웅장
하여 누르는 듯하면 더욱 불길한 것으로 본다.

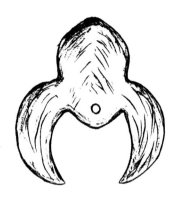

㈑ 쌍수유(雙垂乳)

쌍수유(雙垂乳)는 두 개의 젖
모습이 그림과 같이 가지런한 것
을 이르는데 「쌍유」격(格)은 대
소(大小)와 장단(長短)이 고르게
형성된 곳에 점혈(占穴)을 하면
크게 발복을 한다고 본다. 쌍유
혈은 반드시 주변에 있는 산들이
아름답고 두 개의 젖 모습이 가
지런하면서 좌우가 유정하게 감
싸고 있어야 합격이다.

간혹 한쪽 유(乳)는 길고 한쪽 유는 짧거나 또 하나는 살찌고
하나는 여위거나 하면 그 가운데 단정하고 특이한 쪽을 취하는 것
이 좋다.

㈒ 삼수유(三垂乳)

삼수유(三垂乳)는 그 형체가 그림과 같이 세 개의 젖 모습이

가지런히 있는 것을 말한다. 이와 같은 격은 대소(大小)와 장단(長短)과 여위고 살찐 것 세 개 모두가 비슷해야 좋은 것으로 본다.

특히 이 「삼유혈」은 뒷 용이 왕성하여 그 기운이 힘차야 하고 반드시 좌우의 산룡(山龍)들이 감싸고 있어야 합격으로 친다.

만일 삼유(三乳)가 고르지 못하여 기울거나 추하고 아름다운 것이 동일하게 같지 않으면 그 가운데서 가장 격이 적합한 유(乳)를 가려서 점혈(占穴)을 하면 된다.

⑷ 돌형혈(突形穴)

돌형(突形)의 혈은 우뚝하게 드러난 모양을 「돌형혈」이라 하는데 이 돌형혈은 바람을 감추고 닿지 않는 것을 필요로 한다. 이래

서 산골에 있는 돌혈(突穴)은 좌우가 둘러싸여 있어야 길격이 된다. 만일 그렇지 못하고 외롭게 들어나서 바람을 받게 되면 꺼린다.

평지에 있는 돌혈은 산골에 있는 것과는 달리 사변(四邊)이 평탄해도 바람이 지면을 좇아 지나게 되므로 해가 되지 않는다고 한다.

다만 물의 경계가 분명하고 물의 흐름이 혈 앞으로 모이든가,

아니면 혈을 감싸고 돌아야 아름답고 정격(正格)이 된다.

돌혈에도 네 격(格)이 있는데, 이 가운데 대돌(大突)과 소돌(小突)은 정격(正格)으로 치고 쌍돌(雙突)과 삼돌(三突)은 변격(變格)으로 보고 있다.

(가) 대돌형(大突形)

대돌형(大突形)은 높고 큰 것을 말하는데 이는 평지(平地)나 고산(高山)을 막론하고 너무 크면 거칠고 준급한데 가까우므로 좋지 않게 본다. 반드시 적당하게 커서 우뚝하게 드러난 면이 맑고 단정하게 빛나며 둥글면서 형체가 분명해야 길격으로 친다.

(나) 소돌형(小突形)

소돌형(小突形)은 우뚝하게 드러난 면이 작은 것으로서 약간 솟아 있음을 말한다. 그러나 너무 작으면 진실된 혈이 아닐 수도 있으니 적당히 작고 돌(突)의 면이 빛나면서 살찌고 부드러우면 합격이다. 간혹 지나치게 작아서 높고 낮음이 불분명하고 물이 광활하거나 네 변(四邊)이 연약하면 참다운 혈이 아니될 수도 있다.

(다) 쌍돌형(雙突形)

쌍돌형(雙突形)은 돌형(突形)의 변격(變格)으로서 이 쌍돌 두 기반이 그림과 같이 형성된 것은 좋게 본다. 다만 대소(大小)와 고저(高低)며 살찌고 여윈 것 등이 동일하면서 형체가 단정하게 빛이 나면 귀격으로 친다.

만일 대소(大小)가 비등하지 않고 모든 것이 균일하지 않을 경우에는 그 중에서 좋은 곳을 살펴 가려서 혈을 정하면 된다.

3. 정혈(定穴)

옛 글에 이르기를 용을 살피기는 쉬워도 혈(穴)을 정하기는 매우 어렵다고 하였다. 대개 혈을 찾아 정하는 데는 그 주산(主山)을 중시(重視)하는데, 주산이 높으면 평단한 낮은 곳에서 혈을 정하고, 반대로 산이 낮고 경사가 완만하면 힘 있는 높은 곳에서 혈을 정하고, 산맥이 딱딱하면 연한 곳에서 가리고, 반대로 용맥이 연하면 단단한 곳에서 정하는 게 좋다. 그리고 용맥(龍脈)이 곧으면 굽은 데 혈이 있고 용맥이 굽으면 바른 데 혈이 있으며, 또한 급하게 오는 산룡(山龍)에는 완만한 곳에서 혈을 구하고 반대로 완만하게 오는 산룡에서는 힘 있고 급한 곳에서 구하는 것이 좋으며, 이는 모두 혈을 정하는 기본 원칙이라 이르고 있다.

(1) 안산(案山)으로 정혈(定穴)

산서(山書)에 이르기를 참다운 진룡(眞龍)에는 반드시 혈이 있으나 찾기가 어려우니 오직 그 안산(案山 : 앞에 있는 산)을 살피고, 안산이 높으면 높은 곳에서 혈을 정하고 반대로 안산이 얕으면 얕은 곳에서 혈을 정하라 하였다.

또한 이르기를 수려하게 응대(應待)하는 산이 오른편에 있으면 혈도 오른편에 있고 수응(秀應)하는 산들이 왼편에 있으면 혈도 왼편에 있다고 하였다.

이는 모두 혈을 정하는 원칙인데 다시 말하면 안산이 높으면 혈도 높고 안산이 얕으면 혈도 얕으며 안산이 가까이서 누르는 듯하면 반드시 높은 혈(天穴)을 찾는 것이 좋고 반대로 안산이 멀어서 내당(內堂)에 있는 기운이 흩어지기 쉬우면 얕은 곳에서 혈을 정하는 게 좋다. 또한 단정하게 빼어나고 응대하는 산이 왼편

에 있으면 혈도 왼편에 있고 수응(秀應)하는 길사(吉砂)가 오른
편에 있으면 혈도 오른편에서 형성된다고 한다.

그리고 안산(案山)의 원근(遠近)에도 차이가 있는데 앞에서 응
하는 산들이 모두 빼어나다 해도 오직 면전(面前)에 있는 가장
가까운 안산을 가장 중시하고 있으니 공연히 멀리 있는 수려한 산
들을 좋아하고 탐하다가 혈지의 기맥(氣脈)을 잃게 되면 불가하
니 혈을 정할 때에는 반드시 가까운 안산의 유정한 것을 위주로
하고 멀리서 응하는 봉우리들은 비록 대안이 못 되어도 구애를 받
지 않는다. 다만 가까이 있는 산이 수성(水城 : 물의 흐름)과 뒤에
있는 주산(主山)이 아름답고 사방에 결함이 없으면 유정한 것으
로 본다.

이래서 멀리 있는 일천 산이 비록 아름답고 수려하다 해도 가
까이 있는 하나의 안산(案山)만 못하다고 한다.

(2) 수세(水勢)로 정혈(定穴)

풍수지리에서는 물을 대단히 중요시하고 있다. 옛 글에 이르기
를 "산을 보지 않고 먼저 물을 보라. 물은 산지혈맥(山地穴脈)의
정기(精氣)가 되어 인간의 길흉화복(吉凶禍福)이 물에 있으니 물
을 중시(重視)하라"했다. 이래서 무릇 참된 용과 올바른 정혈(正
穴)은 물과 상합(相合)하여 모이는 그곳에 있다고 한다.

또 이르기를 진룡(眞龍)이 떨어진 곳에는 여러 물이 모이며, 산
이 물을 따라 굽게 안고 돌아오면 이는 혈이 분명하다고 하였다.
그리고 혈이 숨어 있으면 찾기가 어려우니 진실된 혈은 모든 물이
모이거나 또는 멀리서 혈을 포용하기도 하고 아니면 혈을 향해 흘
러 오기도 하는데 이와 같이 되면 반드시 정혈(正穴)이 맺어지는
것이므로 물을 잘 살피라 하였다. 이래서 산에 올라 점혈(占穴)을

할 때에는 마땅히 수세(水勢) 즉, 물의 흐름을 잘 살펴서 명당(明堂)의 왼편에 물이 모이거나 혹은 물의 흐름이 왼편을 활처럼 포위를 하면 혈은 왼편에 있고, 반대로 수세가 당(堂) 우편(右便)으로 모여 돌아 가거나 오른편 가를 활같이 감싸고 흐르면 혈도 오른편에 있으며, 또한 물이 명당 한 복판으로 향해 들어와서 멈추거나 수성(水城)이 둥글게 안으면 혈은 정 중앙에서 형성하게 된다.

만일 물이 멀리서 오면 명당이 너그럽고 혈은 높은 곳에 있으며 간혹 용을 따라 온 물이 길고 국세(局勢)가 순하면 혈은 얕은 곳에 있게 되는데 이는 물의 형세에 의해서 혈을 정하는 기본 원칙이라 할 수 있다.

㈎ 물이 가까이서 와 우편(右便)으로 흐르고 있다

(나) 물이 멀리서 와 좌편(左便)으로 흐르고 있다

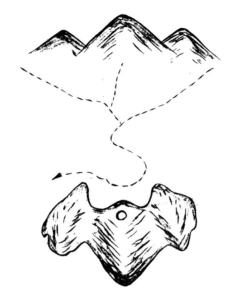

(3) 낙산(樂山)으로 정혈(定穴)

낙산(樂山)이란 혈 주변에 있는 산들을 「낙산」이라 하는데 이는 내룡(來龍)이 처음 발맥(發脈)한 주산(主山)이거나 객산(客山 : 맥을 달리하는 산) 또는 호종(護從 : 보호하며 좇아오는 산)하는 산들의 그 형상이 좋고 흉함을 막론하고 혈 위에서 볼 수 있으면 상격(上格)으로 친다.

대개 횡룡(橫龍)으로 혈을 맺는 것은 반드시 낙산(樂山)을 벼 개 삼게 되는데 만일 낙산이 없으면 참된 혈로 보지 않는다. 낙산 을 벼개삼아 정혈을 할 때에는 낙산이 왼편에 있으면 혈도 왼편에 서 정하고 낙산이 오른편에 있으면 혈도 오른편에서 정하며 낙산 이 중앙에 있으면 혈도 중앙에 있는 것으로 보고 살펴서 정한다. 만일 낙산이 좌, 우에 둘이 있으면 혈도 또한 쌍혈을 맺는다고 한

다. 그리고 낙산이 멀고 가까운 것이 있으면 가까운 산을 취하고
또 하나는 길고 하나가 짧으면 긴 산을 취하고 적고 많은 낙산이
있으면 많은 것을 의지하여 혈을 정한다.

　낙산이 비록 좋다하지만 너무 높고 웅장하면 억압하는 기운이
있어서 좋지 못하다. 이 때에는 마땅히 피하는 것이 좋고 좌편 산
이 혈을 누르는 듯하면 우편에 혈을 정하고 우편 산이 혈을 누르
는 듯하면 좌편 산에 혈을 정하며, 뒤에 있는 산이 혈을 누르는
듯하면 혈을 앞으로 내다가 정하고 사방의 산들이 모두 고루 평평
하면 중앙에 정하는 것이 좋다고 본다.

　옛 글에 이르기를 “좌산(左山)이 높으면 용의 기운은 반드시
오른편으로 돌아가고 우산(右山)이 높으면 혈은 왼편에 맺는다”
하였으니 이는 웅장한 산을 피해야 한다는 뜻과도 상통하다.

　㈎ 이곳은 좌편산이 높고 낙산이 우편에 있다

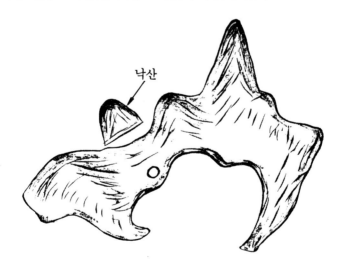

낙산

(나) 이곳은 우편산이 높고 낙산이 중앙에 있다.

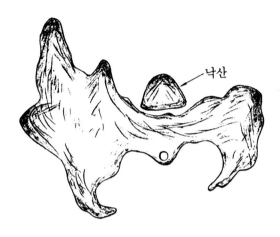

(4) 청룡(靑龍)과 백호(白虎)로 정혈(定穴)

혈 뒤의 내맥(來脈)에서 나와 좌측을 두르고 혈 앞에서 그치는 산맥을 청룡(靑龍)이라 하고 반대로 혈 뒤 내맥에서 나와 우편을 돌아 혈 앞에서 그치는 용맥(龍脈)을 백호(白虎)라 하는데, 청룡과 백호의 멈춘 곳을 보아서 혈의 허실(虛實)을 정하고 용호(龍虎)의 앞과 뒤를 살펴서 혈의 좌·우를 정한다.

청룡이 강하고 유정하면 혈은 왼편에 의지하고 반대로 백호가 유덕하면 혈은 바른편에 의지하며 청룡과 백호가 다같이 얕으면 바람을 피하여 얕은 곳을 가려서 혈을 정하고, 이와 반대로 청룡과 백호가 모두 높으면 혈을 누르는 것을 피하여 높은 데서 혈을 정하고 청룡과 백호가 다같이 유정하여 높지도 않고 얕지도 않으면 혈은 중앙에서 가려 정한다. 간혹 청룡과 백호가 없는 경우도 있는데 청룡이 없으면 물이 왼편을 두르는 것이 좋고 반대로 백호가 없으면 물은 오른편 갓을 두르는 것이 좋다.

이래서 혈은 그 있는 것을 의지하고 없는 것을 의지하지 않는 것을 원칙으로 삼고 있다.

⑸ 전호(纏護)로 정혈(定穴)

'전호'라 함은 둘러 보호한다는 뜻으로서 이는 마치 그 집안에 있는 하인들이 그 주인을 호위(護衛)함과 같은 것이다. 하인이 주인을 모시고 호위함에 있어서는 그 주인의 곁을 멀리 떠나지도 못하고 또한 너무 가까이 하지도 않고 적당한 위치를 지키면서 호위하는 것과 같이 전호(纏護)하는 산도 혈을 멀리 떠나지도 못하고 등지지도 않는다. 이래서 좌·우에서 전호하는 산들이 짧으면 혈은 그림과 같이 안에 있고 반대로 호종하는 산들이 길면 그 끝지는 곳에 혈이 맺어진다고 한다.

⑺ 전호하는 산이 짧다

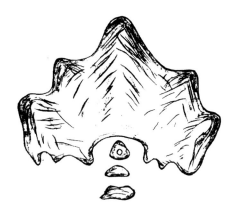

㈏ 전호하는 산이 길다

⑹ 순전(脣氈)으로 정혈(定穴)

순전이라 함은 혈 아래에 남은 기운이 입술처럼 드러나 있음을 뜻한다. 전(氈)은 깔아놓은 요와 같고 순(脣)은 입술과 같은 것이다. 이래서 「순전」이라 하는데 대개 진실된 진룡(眞龍)의 혈에는 반드시 남은 기운을 뱉어서 순전(脣氈)이 형성된다고 한다. 이래서 혈 앞에 순전이 없으면 참다운 혈이 맺어진 것이 아닌 것으로 보며, 특히 횡룡(橫龍)의 혈에는 반드시 「순전」이 있어야 귀격으로 친다.

옛 글에 이르기를 "참되고 귀한 용이 끝지는 곳에는 순전이 있으며 순전이 있는 혈은 부귀(富貴)의 국(局)이 된다"고 하였다.

순전을 살피는 방법은 혈 밑에 평탄한 곳이 둥글고 반듯해야만 좋다. 이 때 큰 것을 전(氈)이라 하고 작은 것을 순(脣)이라 하는데, 이는 귀인(貴人)의 앞에서 절을 하는 자리가 있는 것과 같아

서 귀하게 보며 참다운 진혈(眞穴)의 증좌(證左)가 되는 것으로
보고 있다.

(7) 태극(太極)으로 정혈(定穴)

선현(先賢)들의 말에 의하면 모든 물체에는 각각 하나의 태극
이 형성되어 있다고 한다. 이 태극을 모체로 하여 혈을 정하기도
하는데 여기에서는 한 치 높은 곳을 산이라 하고 한 치 얕은 곳
을 물이라 보면서 그 넓고 좁은 것에 구애(拘碍)하지 않고 다만
사람이 옆으로 누울 만한 곳이 있으면 된다고 하였다. 그리고 참
다운 진룡(眞龍)의 정혈(正穴)에는 산천의 신령스럽고 영묘하게
느껴지는 기운이 모인 곳이 되어 천지의 조화로 그 형체를 감추고
은은하고 모호하여 현명하게 밝은 지사(地師 : 풍수)가 아니면 가
리지 못하고 죽은 망인(亡人)이 후덕한 이가 아니면 얻지를 못하
며, 또한 다복한 후손이 아니면 믿지를 않고 혹 장례를 모셔도 곧
이장(移葬)을 하게 된다고 한다.

무릇 태극으로 혈을 정하는 데는 몇 가지 잘 살펴야 할 점이
있는데 이는 다음과 같다.

(가) 수삭(瘦削)

수(瘦)는 글자 그대로 여윈 것 즉 마른 것을 뜻하고 삭(削)은
깎인 것을 이르며 이를 함께 수(瘦削)이라 한다.

간혹 당혈(當穴)된 곳의 산 모양이 풍후하게 살찌고 윤택하지
못하여 여위고 토박하여 깎여져 있는데 이와 같이 되면 산룡(山
龍)의 기운이 허약하여 여윈 것으로 본다. 사람도 기운이 쇠퇴하
면 온 몸이 마르고 허약하며 앙상한 것과 같이 산도 동일하게 보
면 된다.

비록 이와 같은 산 모양에서는 격(格)에 부합이 되는 산룡(山龍)이라 할 지라도 음택의 혈지로서는 부적당하고 다만 사당(祠堂)이나 사찰(寺刹)같은 것을 지을 곳으로 본다.

(나) 돌로(突露)

돌로라 함은 산의 모양이 당돌하게 내밀고 드러난 곳으로서 당혈되는 위치가 은은하게 감추어져 보이지 않고 다만 솟고 드러나 바람을 받게 되는 곳이다. 대개 「돌로」혈은 그 내룡(來龍)이 고독하여 생기가 없고, 또한 혈이 드러나면 생기가 모이지 않고 주위로부터 보호를 받지 못하여 참다운 진혈(眞穴)이 못 되는 것으로 본다.

자칫 한 봉우리가 단독으로 빼어난 것을 잘못 아름답게 보고 그릇되게 이러한 곳에다 산소를 모시면 고아(孤兒)나 과부(寡婦), 떠돌이 승려(僧侶)가 생긴다고는 하나 간혹 돌로(突露)된 혈이 참다운 진룡(眞龍)으로 부합이 되면 큰 귀인이 배출되는 경우도 있다고 한다.

(다) 파면(破面)

파면이란 당혈되는 머리부분이나 얼굴되는 부위가 부서지거나 움푹 패이고 꺼져서 혈성(穴星)이 온전하지 못한 것을 뜻한다.

혈이 맺은 자리는 뒤가 완전하고 면이 튼튼해야 하는데 혈성(穴星)이 부서진 곳은 용맥(龍脈)의 귀천을 막론하고 흉한 것으로 보고 있다.

옛 글에 이르기를 "부서진 혈에 돌을 파내고 흙을 갖다가 돋구면 산신(山神)이 놀랠 뿐 아니라 맥이 상하고 기운이 흩어져 후손이 쇠잔하고 빈한하게 된다"고 하였다. 이는 부서진 면을 인공(人工)으로 조성해서는 안 된다는 말과 상통하는 것으로 보면 된다.

㈔ 홀두(惚頭)

홀두(惚頭)라 함은 머리부위가 헐었다는 뜻인데, 이는 머리 부
분이 돌과 모래로 이룩되어 나무가 자라지 못하고 거친 풀과 가시
만 우거져 있는 것을 홀두(惚頭)라 한다.

사람에게 기혈(氣血)이 쇠퇴(衰退)하면 머리에 헌디가 생기는
것과 같이 땅에도 용맥(龍脈)이 마르고 여위고 기맥이 허약하면
이와 같은 현상이 생긴다고 한다. 만일 이러한 곳에다 정혈(定穴)
을 하면 세업을 패하고 자손도 쇠잔해진다고 한다.

㈕ 사골(砂骨)

사골(砂骨)이라 하는 것은 자갈 산을 뜻하는데 본시 자갈로 형
성된 산은 기맥(氣脈)이 마르고 여위어서 단단해도 돌이 아니고
거칠어도 흙이 아니다. 자갈과 모래가 아롱지면 사람에게 맥과 살
이 없는 것과 같이 초목이 무성하지를 못한다.

이와 같은 용은 성진(星辰)을 띠지 못하여 우뚝하고 혈을 맺은
곳이 추악하고, 협소하면서 자갈과 모래가 앞에 가득하고 축축하
게 젖어 있다고 한다.

만일 이러한 곳에 혈을 정하면 사람이 용렬하고 우악할 뿐만
아니라 부와·귀도 없으며 재물도 쇠퇴하고 후손도 종국에는 절사
(絕嗣)가 된다고 한다.

㈖ 산만(散漫)

산만(散漫)이라 함은 흩어져 어수선한 것을 이르는데 당혈되는
곳이 평평하게 늘어지고 넓은 것을 뜻한다. 본시 결혈(結穴)이란
거두어들이고 묶여 모여져야 좋은데 그렇지 못하고 「산만」하게
흩어지면 당연히 좋지 못하다.

그러므로 혈의 자리가 넓고 거두어 들임이 없이 물[水]과 와
(窩)나 돌(突)이 없으면 혈이 융결(融結) 되지 못한 것으로 본다.
만일 이러한 곳에 잘못 정혈(定穴)을 하면 자손은 가난한 승려처
럼 점점 쇠잔하여 절사(絶嗣)의 지경에 이른다고 한다.

(사) 유냉(幽冷)

유냉(幽冷)이라 함은 땅이 차고 음한(陰寒)한 것을 뜻한다. 이
와 같은 유냉(幽冷)한 혈에 장사(葬事)를 모시면 시체가 썩지를
않아 비록 100년이 경과해도 산 것과 같이 색이 변하지를 않고
피부가 상하지 않는다고 한다.

이러한 곳에는 참다운 용맥과 융결된 정혈(正穴)이 없으며 다
만 사면(四面)에 산이 높이 막아 바람만은 닿지 않으나 음한(陰
寒)한 땅이 되어 시신을 모시지 못할 곳으로 보고 있다.

냉기(冷氣)가 침범하여 시체가 썩지 않으면 귀해(鬼害 : 귀신의
방해)가 끊이지 않는다고 한다. 그리하여 자손이 나도 기르기가
어렵고 마침내는 절사(絶嗣)가 된다고 하니 함부로 점혈을 해서
는 안 된다.

본시 혈의 기(氣)는 음한한 냉기가 아니라 지맥(地脈)이 충화
(沖化)한 생기(生氣)이므로 생기를 얻으면 따뜻하고 따뜻하면 피
부와 살은 쉽게 흙으로 화(化)하나 해골(骸骨)만은 오래 가서 시
신이 편안하고 그 음덕으로 자손이 흥왕하다고 한다.

(8) 음양(陰陽)으로 정혈(定穴)

우주 만물에는 음양이 없는 것이 없으니 즉 하늘은 해와 달로
음양을 삼고 사람은 남(男)과 여(女)로 음양을 삼으며 땅은 산과
물로 음양을 삼는다.

그 음과 양 가운데에도 또 음양이 있는데, 지리(地理)만을 논
(論)하자면 용(龍)에는 용의 음양이 있고 혈(穴)에는 혈의 음양이
있다. 용혈(龍穴)에서는 살찌고(肥) 일어난(起) 것이 양이고 여위
고 꺼진 것은 음으로 보며 이것을 혈법(穴法)의 음양이라 한다.

용신(龍身)에 혈을 지을 때 용이 음룡(陰龍)이면 양혈(陽穴)이
마땅하고 양룡(陽龍)이면 음혈(陰穴)이 마땅하다. 만일 이와 같지
못하고 반대의 형상이 되면 비록 참다운 용혈(龍穴)이라 할지라
도 이는 결격(缺格)이 된다고 본다.

산서에 이르기를 "양룡(陽龍)에 음혈(陰穴)을 지으면 자손이
벼슬에 오르고 음룡(陰龍)에 양혈(陽穴)을 지으면 자손이 부귀
(富貴)하다"고 하였다.

다만 당혈의 윗 부위가 살찌고 일어나면서 아래는 여위고 꺼지
거나 또는 이와 반대의 형상이 되는 경우와 또 좌변이 살찌고 일
어나면서 우변이 여위고 꺼지거나 이와 반대의 형상이 되면 이는
모두 음양의 두 기운이 상호 교감(交感)하는 것이 되어 이 때에
는 음양이 용을 가리지 않고 그림과 같이 음양의 중간에는 정혈
(定穴)을 하면 귀격(貴格)이 된다고는 하나 혈이란 미묘한 것이
되어 그 일어나고 꺼지고 살찌고 여윈 것을 보통 사람으로서는 찾
아 가리기가 매우 어렵다고 본다.

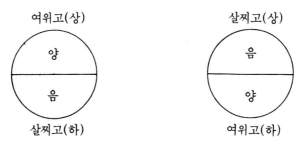

위의 그림은 흑백으로 음양을 구분하여 살찌고 여윈 것을 표시하였다. 정혈(定穴)은 음양의 중간에서 취하면 귀격이 된다고 한다.

(9) 취산(聚散)으로 정혈(定穴)

취산(聚散)이란 영묘한 지기(地氣)가 모이고 흩어짐을 뜻한다. 혈을 정하는 법은 마땅히 산천의 영기(靈氣)가 모인 곳을 살펴서 정해야 함은 물론이다. 그러나 그 모이고 흩어짐이 두 가지가 있으니, 하나는 큰 형세(形勢)의 모이고 흩어짐이요 또 하나는 당혈의 모이고 흩어짐인데, 먼저 큰 형세의 모이고 흩어짐을 살핀 다음에 당혈의 모이고 흩어짐을 살펴서 감지(感知)해야 한다. 큰 형세의 모임은 여러 산들이 둥글게 감싸고 여러 물(水)의 모임이 있으면 혈을 맺을 만한 곳을 살펴서 그 용맥(龍脈)이 어느 지점에 그치는가를 잘 보아 그 맥을 그친 곳이 오목한 소쿠리(窩) 모양 같거나 또는 여자의 젖가슴(乳房)처럼 불룩한 곳이 있고 사방에 있는 산들이 감싸 포옹을 하고 여러 갈래의 물이 모여 들고 멈춰지면 이는 참다운 기운이 모여 융결(融結)된 곳으로 본다.

모름지기 정혈(定穴)을 할 때에는 먼저 기맥(氣脈)을 자상하게 살펴서 기맥(氣脈)이 위에 모이면 혈도 높고 기맥이 아래에 모이면 혈도 얕으며 기맥이 가운데 모이면 혈도 가운데 있고 기맥이 오른 편에 모이면 혈도 오른 편에 있는 것으로 보는데, 이는 곧 기맥의 모이고 흩어짐을 보아서 혈을 정하는 근본 원칙이라 할 수 있다.

⑽ 향배(向背)로 정혈(定穴)

향배(向背)라 함은 산천의 유·무정을 뜻한다. 지리(地理)도 인사(人事)와 유사하여 나에게 향하는 자는 반드시 서로 사귀려는 뜻이 있고 나를 등지는 자는 반드시 싫어하고 돌아보지 않는 것과 같이 산천의 향배(向背)도 이와 같은 이치로 보면 된다.

향배로 혈을 정하는 것은 주객(主客)이 유정하게 상대하고 청룡과 백호가 서로 포용하며 수성(水星 : 물)이 혈을 감싸고 비켜 달아나지 않으면 당혈의 기운이 융결(融結)된 것으로 본다.

비록 산과 물, 청룡, 백호, 명당, 안산 등이 지척의 사이라 하더라도 혹 높고 얕고 또는 좌(左)로 치우치거나 우(右)로 기울어지게 되는 곳은 정혈(正穴)이 못 된다고 본다. 그러므로 상세히 살펴서 옳은 것 같아도 자칫하면 그르칠 수 있으니 세심하게 잘 판단을 해야 한다.

한 산머리 아래에 열 자리 묘를 썼는데 그 가운데 한 자리는 부귀혈이 되어도 아홉 자리는 빈궁하였다고 하는 예도 허다히 있다.

이는 같은 산, 같은 용호(龍虎), 같은 안산이나 오직 당혈의 유무정에 따른 것이라 한다.

⑾ 추길(趨吉) 피흉(避凶)으로 정혈(定穴)

추길(趨吉) 피흉(避凶)이란 좋은 것은 취하고 흉한 것은 피한다는 뜻이다. 무릇 산과 물에는 각각 길흉이 있으니 아름답고 좋은 것은 좇아 취하고 거칠고 흉한 것은 모두 신살(神殺)로 보니

혈을 정할 때 잘 살펴서 상하, 좌우, 전후로 적절히 조정을 하여
이른바 추길(趨吉), 피흉(避凶)을 하라는 것이다. 그러나 아름다
운 혈지(穴地)에도 흉살(凶殺)이 가까이 있어 이를 능히 피하지
못하면 이것을 겁(怯 : 무섭고 두려운 것)이라 하는데, 겁산(怯山)
과 겁기(怯氣)가 있으면 이는 적격한 정혈(正穴)로 보지 않으며
이는 도리어 재화를 당하는 것으로 보고 있다.

또 혹자는 이르기를 진룡(眞龍)과 진혈(眞穴)에는 흉살(凶殺)
이 비쳐도 이를 수습만 잘하면 나의 소용물이 될 수도 있다 하면
서 이를 인사(人事)에 비유하여 대귀인(大貴人) 앞에는 어떤 흉
폭한 도적의 무리가 있어도 범접을 못하고 오히려 귀인(貴人)의
시위(侍衛)나 노복(奴僕)이 되어 도움을 줌과 같으니 수습만 잘
하면 취용(取用)도 가능하다고 이르고 있다.

추길(趨吉) 피흉(避凶)의 법은 좌측 산이 누르는 듯하면 혈이
우(右)로 돌아가고 반대로 우측 산이 누르는 듯하면 혈은 좌(左)
로 돌아가며, 또 좌편에 물이 쏘아오고 청룡이 흉악하게 살(殺)을
띠거나 좌편이 텅 비고 일그러지는 등등의 유가 있으면 혈이 오른
편을 의지하든지, 오른편을 돌아보아 그 흉한 것들을 피하고 유정
한 곳을 좇아 향하게 하면 된다.

또 혈지를 높이 하여 군웅(群雄)을 승복(承服)하게도 하고 얕
게 하여 화평(和平)할 수도 있으며, 뒤로 몇 자 물러나서 나르는
사격(砂格)이 보이지 않고 앞으로 수척(數尺) 나아가 물이 달아
나는 것을 보이지 않게 하는 것 등이 모두 추길 피흉의 정혈법이
라 한다.

이는 산천의 모양이 한결같지 아니하여 혹 얕게 보아서 추한
것이 높이 보면 좋을 수도 있고 왼편에서 보아 불미(不美)한 것
이 오른편에서 보면 아름다울 수도 있기 때문이다.

이상 열거한 정혈법(定穴法) 외에도 제가(諸家)의 다양한 법들이 많으나 여기서는 이만 줄인다.

4. 기혈(忌穴 : 꺼리는 혈)

제가(諸家)의 혈법(穴法)들이 다양하고, 혈 또한 천태만상(千態萬象)으로 하나같지 않으나 그 가운데서도 특히 다음과 같은 곳들의 혈은 가장 꺼리는 기혈(忌穴)이니 그릇 점혈(占穴)을 해서는 안 된다고 산서(山書)에서는 이르고 있다.

(1) 조악(粗惡)

조악이란 산세가 거칠고 추악하고 돌이 많고 봉우리들이 너무 커서 아름답지 못한 것을 조악(粗惡)이라 말한다.

본시 혈이 맺는 곳은 아름답고 연하고 빛이 나고 가늘고 공교로운 것을 귀하게 보며, 이와 달리 거칠고 조잡하고 추악한 것을 꺼린다.

산을 보는 법도 사람의 상을 보는 것과 같아서 그 산 모양이 맑게 빼어나고 빛이 나면 자손도 따라서 청수(淸秀)하고 산 모양이 거칠고 추악하면 사람도 어질지 못하다고 한다. 이는 단지 혈이 맺는 산뿐만 아니라 어떤 고을이나 자연 부락까지도 그 산세의 영향에 따라 사람이 난다고 한다.

(2) 준급(峻急)

준급이란 산세가 거칠고 급하고 험준하여 오르기가 어려운 산형(山形)들을 준급이라 이른다.

혈(穴)이 맺는 곳은 대체로 평탄하고 부드럽고 완만한 곳이 되어야 귀하다. 그러나 산이 준급하고 낭떠러지가 많고 곧고 단단한 것은 꺼린다. 본시 준급한 산은 기운을 받지 못하여 지기(地氣)가 융결(融結)될 수 없다. 그렇다고 해서 인력으로 무리하게 깎아 내리거나 파고 쌓고 하여 혈을 지어 만드는 것은 더욱 좋지 못하다. 만일 이와 같이 인력으로 혈장(穴場)을 조성하게 되면 관재(官災), 송사(訟事)와 사람이 상하는 등 험난한 일들이 생긴다고 한다.

간혹 산이 준급한 가운데서도 홀연이 평탄한 곳이 있으면 이는 귀혈(貴穴)이 될 수도 있으나 대개 위가 준급하고 아래가 평탄하면 혈은 평탄한 그곳에 있으며 귀하게 본다. 만일 이런 곳에 혈을 정하면 선흉후길(先凶後吉)하여 처음은 비록 흉해도 나중에는 크게 발복을 하는 수도 있다고 한다.

(3) 단한(單寒)

여기서 단한이라 함은 외롭게 떨어진 산이나 또는 이와 비슷한 큰 언덕이 사면(四面)에서 보호하고 호종(護從 : 보호하고 좇는)하는 산이 없어서 외롭게 혈장(穴場)이 노출(露出)되어 감추지 못한 곳을 「단한」이라 한다.

옛 글에 이르기를 "용은 외로운 것이 두렵고 혈은 찬(寒) 곳이 두려우므로 정혈(定穴)하는 곳은 반드시 주밀(周密)해야지 외롭거나 찬 곳은 꺼린다"라 하였으니 함부로 경솔하게 외롭고 찬(寒) 곳에 점혈(占穴)을 해서는 안 된다.

무릇 고한(孤寒)한 혈은 대체로 빈궁하고 고독하고 단신 과부가 많아 종내에 가서는 후사(後嗣)마저 없어진다고 하는 것으로 가장 흉격(凶格)으로 치고 있다.

그러나 간혹 큰 용이 홀로 떨어져 높게 입수(入首)를 하고 혈

장(穴場)이 넓어 와형(窩形)이나 겸형(鉗形)으로 이룩하고 자연
스럽게 혈을 보호하여 세찬 바람을 받지 않고 법술에 부합이 되면
길격(吉格)이 되는 수도 있다고 한다.

(4) 허모(虛耗)

허모라 함은 용의 기운이 너무 허약하여 뱀이나 쥐같은 것이
혈을 손상하는 것을 허모라 한다.

대개 생기가 모여 융결(融結)된 곳은 땅이 단단하고 후중해야
하는데 그렇지 못하고 힘없이 푸석푸석한 땅은 개미, 벌레, 뱀, 쥐
같은 등속의 잡것이 뚫고 뒤져서 지맥(地脈)이 누설되고 생기가
흩어져 쓰지를 못한다.

다만 혈지(穴地)가 온화하고 따뜻하면서 생기 있는 거북이나
뱀, 혹은 짐승같은 형상을 자연적으로 형성하고 있으면 길격(吉
格)으로 친다. 그리고 천광(穿壙)을 할 때 혹 거북이나 뱀같은 것
이 있으면 좋은 징조라고 하는데 이는 공연한 말이니 고착(固着)
되지 말고 가급적 상해(傷害)는 주지 않는 것이 좋다고 본다. 생
물을 죽이는 것은 인자(仁者)의 미덕(美德)이 아니기 때문이다.

(5) 요결(凹缺)

요결이란 땅이 움푹하게 들어가고 부서지고 일그러진 것을 말한
다. 혈이 되는 곳은 주밀하고 둘러 쌓여져야 귀한데 좌·우가 움
푹 패이고 텅 비고 일그러지면 흉하다. 만일 이와 같은 곳에 고랑
이 져서 바람을 받게 되면 화액이 따르고 종내에 가서는 후사마저
끊어진다고 한다.

옛 글에 이르기를 "산골에서는 양지바르고 골 바람이 닿지 않

아야 하나 넓은 평원(平原)에서는 비록 사면(四面)에 막는 것이 없어도 바람을 두려워하지 않는다. 사람이 넓은 들판에서 바람을 받으면 비록 엄동설한(嚴冬雪寒)이라 해도 병이 되지 않으나 문틈이나 작은 구멍같은 곳에서 스며드는 바람을 쏘이면 병을 얻기가 쉬움과 같아서 산골 공허한 곳 바람을 가장 꺼린다"라고 하였다. 또 이르기를 "간혹 산룡(山龍)이 높이 일어나 산중턱에 혈이 형성될 경우 좌우의 변이 오목하고 꺼지더라도 혈지에 올라보아 평탄하고 당혈되는 곳이 凹한 곳에서 쏘아오는 바람을 받지 않고 따뜻하면 비록 요결(凹缺)이 되어도 구애를 받지 않는다"라 이르고 있다.

5. 괴혈(怪穴)과 교혈(巧穴)

(1) 괴혈(怪穴)

괴혈(怪穴)이란 글자 그대로 괴이하게 생긴 혈을 뜻하는데 본시 진룡(眞龍)에는 이상하게 생긴 혈이 많아 그 형태를 잘 분간하기가 어렵다고 한다. 이는 천지 조화(天地造化)의 갈무린 바가 되어 평범한 사람은 발견하기도 어렵고 얻기도 어려우며 오직 유덕(有德)한 사람만이 이를 쓸 수 있다고 한다. 일반적으로 평범하게 생긴 보통 혈은 보통 지사(地師)라도 쉽게 알 수 있으나 이 괴혈은 현명한 지사(地師)의 도안(道眼)이나 법안(法眼)이 아니면 잘 분별할 수 없다고 한다. 만일 괴혈을 잘못 보고 접혈(占穴)을 하게 되면 그 해가 적지 않다고 하니 함부로 경솔하게 취용(取用)해서는 안 된다.

대개 생기(生氣)가 융결(融結)된 명당자리는 복록이 비상한 임

자가 따로 정해져 있어서 수상하게 자취를 감추고 괴이한 형체를
짓는다고 한다. 오직 천지 신명이 지키다가 음덕(陰德)을 많이 베
푼 사람에게 보은(報恩)으로 주어지게 되는데 반드시 명사(明師)
가운데서도 유덕한 현사(賢士)가 아니면 식별할 수 없다고 하니
명당 길지를 얻는 근본은 적선(積善)을 많이 하고 다음 유덕한
명사를 만나야 된다고 본다.

이 괴혈은 여읜 산 정상에도 교묘하게 혈을 맺는 경우가 있는
데 아무리 높은 산마루라 해도 청룡과 백호가 뚜렷하고 지세가 평
탄하여 당혈에 이르면 명랑하고 평지에 있는듯이 아늑하여 산 정
상임을 느끼지 못한다고 한다. 또한 사면팔방(四面八方)이 기이하
게 성곽처럼 둘러 있고 좌·우가 고리처럼 포용하고 안산과 조산
이 중첩되어 혈은 외롭지 않고 따뜻하면 참다운 진혈(眞穴)이 된
다고 한다.

(2) 교혈(巧穴)

교혈(巧穴)은 교묘하게 생겼다고 해서 교혈이라 하는데 이 교
혈(巧穴)은 얕은 평지 밭 가운데도 있고 혹은 깊은 산 속에서도
그 자취를 감추고 숨어 있어서 천평혈(天平穴) 또는 몰니혈(没泥
穴)이라고도 한다.

교혈은 대개 평평한 평지를 나왔기 때문에 그 형체를 볼 수가
없고 다만 간간이 미세(微細)하나마 등뼈처럼 석골(石骨)로 이어
지고 언덕과 무더기로 되어 나오다가 결혈처(結穴處)에 이르러서
는 고저(高低)가 분명하다고 한다.

혈은 연하고 외롭게 노출되어 팔방(八方)에서 바람이 닿아도 막
상 혈에 오르면 아늑하고 따뜻한 것이 이 교혈의 특징이라 한다.

또 교혈은 간혹 돌밭[石田] 속에서도 토맥(土脈)을 만나 취용

(取用)하기도 하는데 이는 반드시 진실된 용맥(龍脈)에서만이 가능하다. 비록 사면(四面)이 돌과 반석(盤石)이 깔린 가운데서도 꼭 한 자리 광중(壙中)을 할 만한 틈이 있다고 한다. 석산(石山) 아래 토산(土山)이 있어 정혈(定穴)을 할 때는 깊이 파지 말고 반드시 얕게 천광(淺壙)을 하는 것이 좋다. 간혹 용맥이 뜬 곳에는 배토장(培土葬)이라 하여 토피상(土皮上)이나 반석(盤石) 위에 시신(屍身)을 안치하고 객토(客土)를 날라다 봉분(封墳)을 짓기도 한다.

자못 천산만수(千山萬水)가 천태만형(千態萬形)으로 하나같지 않고 기형(奇形)과 괴혈(怪穴)이 다양하나 오직 장사(葬事)는 생기(生氣)를 보아서 생기가 모이는 곳을 찾아 편안히 모시는 것이 가장 중요하다고 옛 글에서는 이르고 있다.

참고로 독자 제위의 이해를 돕기 위하여 몇 가지 더 예를 들기로 한다.

㈎ 괴혈이나 교혈은 먼저 그 용신(龍身)을 주위 깊게 살필 것을 산서에서 역설하고 있다.

본시 용과 혈은 불가분리(不可分離)의 연관성을 띠고 있기 때문에 그 용맥이 생기 있는 진룡(眞龍)이 되면 그 기에서 맺어지는 혈도 참다운 진혈(眞穴)이 형성됨으로 해서 비록 혈의 모양이 이상하고 괴이하다 해도 크게 두려워할 바는 아니며, 다만 그 진실된 용이 달리다가 멈추고 결혈(結穴)한 정확한 위치를 가리기가 어렵기 때문이라고 본다.

㈏ 옛 글에 이르기를 바르고 진실된 진룡(眞龍)이 못 되는 가룡(假龍)에는 혈이 맺어질 수 없으니 괴혈(怪穴)로 보지 말라 하였다. 그리고 만일 괴혈로 잘못 보고 장사(葬事)를 치르면 많은

사람을 그르친다 하였고, 또한 가룡(假龍)의 맥이 다한 곳에 혹
오목한 와(窩)가 있어도 공허(空虛)하고 넓으며, 여자의 젖모습과
같은 유(乳)가 있어도 곧고 준급(峻急)하게 거칠며, 또한 우뚝하
게 드러난 돌(突)이 있어도 부서지고 늘어지게 판판하여 올바로
쓸 수가 없다고 한다. 이와 같은 곳은 반드시 현명한 명사를 구하
여 상세히 분별하고 깊이 연구하여 불행을 초래하는 일이 없도록
신중을 기해야 한다고 본다.

㈐ 회룡고조(廻龍顧祖)라는 말을 흔히들 하는데 회룡고조라는
것은 뻗어오던 용이 청룡과 백호를 이룩하고 혈이 맺어지는 곳이
조산(祖山)을 돌아다 본다고 해서 회룡고조라 한다.

이와 같은 혈은 안산(案山)이 나의 조종(祖宗)과 부모가 되는
산이라 비록 높아도 흠으로 보지 않으며 다만 수려하고 추악하지
만 않으면 좋은 것으로 보고 있다.

㈑ 안산(案山)이 없어도 괴혈이 있다고 한다. 옛 선유(先儒)들
은 안산이 없으면 의식이 곤궁하다고 하나 모든 물이 명당 안과
밖을 주밀하게 감싸고 있으면 무방하다고 한다.

㈒ 벽에 붙은 나비처럼 생긴 돌형(突形)도 있고 혹은 괘등혈
(掛燈穴)이라 하여 벽에 등잔을 건 듯한 와형(窩形)도 있는데 이
는 모두 준급한 가운데 늦은 와형(窩形)도 형성하고 우뚝하게 드
러난 돌형(突形)도 형성하여 이는 모두 교혈(巧穴)에 해당된다.

이상 열거한 이 외에도 다양하게 기이하고 교묘한 혈들이 많으
나 장사(葬事)는 모름지기 먼저 생기를 보아서 생기가 모이는 곳
을 찾아 지내야 된다는 것을 거듭 강조하고 있으나 생기란 본시
형체가 있는 것이 아니고 오직 용맥을 통해서 흐르고 모여진다고
하니 보통 사람으로서는 난지난해(難知難解)한 것이 풍수지리의

생기(生氣)라 할 수 있다.

6. 부장지(不葬地)

부장지(不葬地)란 묘(墓)를 쓰지 못할 곳을 이르는데 옛 선현들과 장서(葬書)에서 이르기를 다음과 같은 곳에서는 장사(葬事)를 하지 못한다고 하였으니 함부로 묘를 써서는 안 된다.

(1) 동산(童山)과 단산(斷山)

동산(童山)이란 초목이 나지 않은 붉은 산을 말하고, 단산(斷山)은 무너지거나 끊어진 산을 뜻한다. 다만 자연스럽게, 결함없이 끊어진 것과는 다르며 비록 끊어졌어도 실같은 맥이 연결된 것은 무관하다고 한다.

(2) 석산(石山)과 과산(過山)

석산(石山)이란 돌산을 말하며 이 석산에는 장사(葬事)를 하지 않는 것을 원칙으로 한다. 그러나 간혹 괴혈(怪穴)이 돌과 돌 사이에 형성하여 토혈(土穴)을 지은 것은 좋은 것으로 본다.

과산(過山)은 다른 혈이 되는 곳으로 끌고 지나 가는 산을 뜻하는데 이것을 용호(龍號)로 잘못 보고 장사(葬事)를 해서도 안 된다.

(3) 독산(獨山)

독산이란 홀로 외롭게 노출되어 있는 무정한 산을 이르며 이곳에는 장사를 못 한다고 하였다. 그러나 간혹 지각(枝脚 : 가지와 다리)이 없는 독산(獨山)이라도 한 번 일어나고 한 번 엎드려(起伏) 평지로 나가고 양변에서 호위를 하고 보내고 그치는 곳에는 음양이 배합(配合)되고 큰 강물이 두르거나 먼 안산(案山)이 있고 수구(水口)가 합법이면 좋은 국이 되는 수도 있다고 한다.

(4) 육계지(六戒地)

육계지란 경계해야 할 여섯 곳을 이르는데, 그 첫째는 물이 빠져나가는 곳을 취용(取用)하면 패가(敗家)를 하고, 둘째 세찬 바람이 닿는 곳에 정혈을 하면 사람이 끊어지고, 셋째 안산(案山) 없는 곳에 장사를 하면 의식이 곤궁하고, 넷째 명당(明堂)이 기울거나 넘어지면 가업(家業)을 패하고, 다섯째 청룡과 백호가 등을 돌리고 달아나면 가족이 이별을 하고, 여섯째 칼등과 같은 곳에서 혈을 찾으면 지사(地師)를 해친다고 한다.

(5) 팔불상(八不相)

팔불상은 「청조경」(靑鳥經)에 있는 말인데 이는 발복은 고사하고 해가 된다는 여덟 곳을 지적한 것이다.

① 거칠고 완만하고 추한 돌이 혈장(穴場)에 있으며 이롭지 못하다.

② 고단(孤單)한 용 머리에 혈을 정하지 말라.

③ 사당(祠堂) 앞이나 절(寺刹) 뒤 가까운 곳에 장사하지 말라.

④ 지난 날 남이 썼던 구광(舊壙)자리에 다시 묘를 쓰지 말라. 비록 옛날에 부귀했던 자리라 해도 지금은 사지(死地)가 된다.

⑤ 산세(山勢)가 어지럽고 무정하게 달아나는 곳에는 안장(安葬)을 하지 말라.

⑥ 바람소리, 물소리가 요란하거나 구슬프게 우는 것 같은 곳은 좋지 못하다.

⑦ 주산(主山)이 낮고 연하면 기맥(氣脈)이 사기(死氣)가 되는 것이니 취용(取用)하지 말라.

⑧ 청룡과 백호의 머리가 뾰족하고 서로 마주보고 싸우는 듯하면 흉하다.

또한 혈장(穴場)을 양변에서 쏘고 찌르는 듯해도 흉하다.

이상 열거한 부장지(不葬地)외에도 하나같지 않은 지형과 지세에 따라 안장(安葬)할 수 없는 곳도 허다하게 많으나 이를 다시 요약하면 대체로 혈장(穴場)이 거칠고 부서지고 낭떠러지이고 준급하고 추악하고 뾰족하고 날카롭고 여위고 깎이고 유약하고 외롭고 노출되고 바람이 닿고 물이 곧게 찌르고(射水) 넓어서 기운이 흩어지는 곳 등등은 모두 흉지(凶地)로 보고 있다. 간혹 청룡과 백호, 안대(案帶 : 앞에 있는 산)와 수성(水城 : 물 하천)이 비록 법술에 맞을지라도 이는 열매를 맺지 못하는 빈꽃(虛花 : 허화)에 불과하다고 한다.

특히 옛 선유(先儒)들은 사격(砂格) 좋은 것만 탐하다가 용(龍)과 혈(穴)의 근본을 잃을까 두려우니 먼저 용혈(龍穴)의 근본부터 잘 살펴야 한다는 것을 거듭 강조하고 있음을 볼 수 있다.

7. 재혈(裁穴)

재혈이란 혈지(穴地)의 총 기운이 융결(融結)되어 있는 한 자리 지점을 선정하여 시신(屍身)을 안장(安葬)하는 작업 과정을 이르는데, 이는 장시(葬時)에 최종적으로 가장 중요시하는 것이 「재혈」이다.

옛 글에 이르기를 "당혈이 제아무리 좋아도 재혈을 잘못하면 발복의 차이는 물론 때로는 화패(禍敗)가 생기기도 한다"하였고, 특히 재혈은 재혈하는 과정에서 상하, 전후, 좌우에 약간만 착오가 생겨도 안 된다고 한다. 만일 얕게 팔 곳에 깊이 파면 왕성한 참 기운이 위로 지나고 깊이 파야 할 곳에서 너무 얕게 파도 진기(眞氣)가 아래로 지나게 되며, 혈의 상하를 정할 때에 한 자만 높아도 용(龍)이 상하고 한 자만 내려도 정혈(正穴)을 벗어나는 것이 되며 전후, 좌우도 모두 이와 같은 이치로 보고 있다.

바른 재혈의 예시도

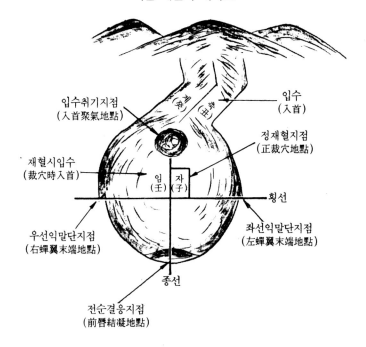

입수취기지점
(入首聚氣地點)

입수
(入首)

정재혈지점
(正裁穴地點)

재혈시입수
(裁穴時入首)

임
(壬)

자
(子)

횡선

우선익말단지점
(右蟬翼末端地點)

좌선익말단지점
(左蟬翼末端地點)

종선

전순결응지점
(前脣結凝地點)

옛 말에 3년을 구산(求山)하여 10년을 재혈한다는 말이 있는데 이 말은 곧 재혈이 그 만큼 어렵고 중요하니 소홀히 하지 말라는 뜻과도 상통이 된다.

예를 들면 따뜻한 구들목을 고른다는 것이 써늘한 윗목을 고를 수도 있고 자칫하면 방안을 벗어날 수도 있으니 보통 사람으로서는 여간 어려운 일이 아니라고 본다.

위 예시도와 같이 혈에는 입수(入首)와 혈좌(穴坐)와 그리고 양편의 선익(蟬翼)과 전순(前脣)이 있다. 입수취기지점(入首聚氣地點)과 전순결응지점(前脣結凝地點)으로 연결하는 종선과 우선익말단지점(右蟬翼末端地點)과 좌선익말단지점(左蟬翼末端地點)으로 연결하는 횡선이 교차되는 지점에서 좌편 자좌(子坐)로 하여 횡선 위에 관(棺)의 하단이 닿도록 하는 것이 바른 재혈법이다.

위의 예시도는 우선작혈(右旋作穴)이므로 임입수(壬入首) 자좌(子坐)가 고정되고, 만일 좌선(左旋)이면 자입수(子入首) 임좌(壬坐)가 고정이 된다. 물이 높은 곳에서 낮은 곳으로 흐르는 것과 같이 산도 높은 곳에서 낮은 곳으로 오는 것이 자연의 원리라 이 원리에 입각하여 입수용맥(入首龍脈)의 좌우선(左右旋)에 따라 좌(坐)가 결정된다고도 한다. 간혹 좌우선룡(左右旋龍)을 분별하지 못하고 임입수(壬入首)에 임좌(壬坐)를 하게 되면 천간(天干) 임(壬)과 지지(地支) 자(子)가 바뀌게 되어 음양(陰陽)이 완전히 배합(配合)을 이루지 못하여 발효(發效)의 차도 생기고 또한 장자(長子)와 차자(次子)에게 미치는 발복도 조금씩 달라진다고 한다.

바르지 못한 재혈의 예시도 ①, ②, ③, ④번 지점의 재혈은 결혈(結穴)의 중심부위를 벗어난 위치가 되어 잘못된 재혈이라 볼 수 있다.

①번 지점의 재혈은 너무 위로 올라가 거리에 따라 발복의 차

바르지 못한 재혈의 예시도

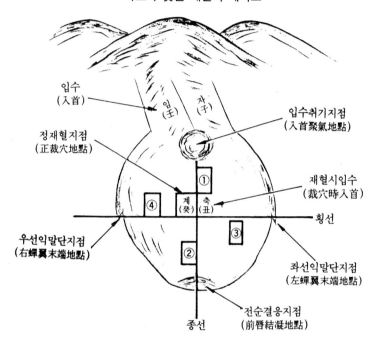

이도 생기고 또한 장자(長子)와 차자(次子)의 차이도 있게 된다. 이는 상부의 기운이 하부보다 미약하기 때문에 장자보다 차자에게 이롭다고 본다.

②번 지점의 재혈은 너무 아래로 내려왔기 때문에 역시 거리에 따로 발효의 차이도 있고 아울러 여기서는 ①번 지점과 반대로 차자보다 장자가 이롭다고 한다.

③번 지점은 재혈은 너무나 좌편으로 갔기 때문에 효과의 차는 물론이며 양동(陽動)하는 기운이 미약하고 음정(陰靜)의 기운이 더 왕성하여 여성상위(女性上位)가 된다고 한다.

④번 지점의 재혈은 우편으로 너무 갔기 때문에 발복의 차도

있고 ③번 지점과 반대로 남자들이 독행(獨行)을 하게 되는 것으로 보고 있다.

이와 같이 몇 평 안 되는 작은 혈지라도 정좌(正坐)를 못하면 이렇게 발복의 차이가 생기게 되고, 또한 한 혈국(穴局) 내에 부자(父子)나 형제(兄弟)의 묘가 있어도 당혈의 위치에 따라 이해가 서로 상반될 수도 있다.

(1) 혈심(穴深)과 토색(土色)

혈심(穴深)이란 혈(穴)이 맺어진 지점의 깊이를 뜻하는데 결혈(結穴)이 되어 있는 곳은 한서(寒暑)의 온도 차가 극히 적은 지중(地中)을 말한다.

그러므로 광중을 너무 얕게 파도 태양의 열을 받기가 쉬우며 또 너무 깊게 파도 지하의 찬 기운을 받기가 쉽다.

옛 글에 천광(穿壙)의 천심론(淺深論)도 좌향(坐向)에 따라 다 단하나 이는 지형과 지질에 의해서 천심(淺深)의 차가 있을 뿐이지 당혈의 좌향(坐向)에 의해서 천심의 척수(尺數)가 고정될 수는 없다고 본다. 예를 들면 다 같은 자좌(子坐)라 하더라도 풍만한 산에 자좌(子坐)도 있고 메마른 산에 자좌(子坐)도 있으며, 또한 각 지역의 지세와 지질이 서로 다르기 때문에 좌향(坐向)에 의해서 그 깊이가 결정될 수는 없다고 보는 것이 타당하다고 본다.

그리고 혈상(穴相)을 흔히 식물의 꽃송이에 비유하는데 꽃송이에는 큰 꽃도 있고 작은 꽃도 있다. 큰 꽃송이의 꽃심[花心]은 깊게 있을 것이요 작은 꽃송이의 꽃심[花心]은 얕게 있을 것은 사실이다.

이런 이치와 같이 혈지(穴地)도 대혈지(大穴地)와 소혈지(小穴地)가 있는데, 대혈지의 혈심(穴心)은 깊게 있을 것이고 소혈지의 혈심은 얕게 있을 것으로 본다.

이래서 광중 작업을 할 때는 먼저 혈토(穴土)를 잘 살펴서 혈장(穴場)에 초목이 썩은 표토(表土)를 파버리고 다음 한서(寒暑)와 풍수(風水)의 영향을 입었던 진토(眞土)를 파내면 바로 그 밑에 참기운(眞氣)이 숨어 있는 혈토(穴土)가 나올 것이다.

이 혈토는 돌도 흙도 아니면서 단단하고 습하지도 않고 건조하지도 않으며 윤기가 있고 선명하다. 혈심(穴深) 즉 광중의 깊이는 혈토(穴土)에서 관(棺) 하나가 묻힐 정도이면 적당하다고 본다. 이 때 혈토를 너무 깊게 파면 혈이 상하고 너무 넓게 파면 용이 상하니 혈(穴)도 상하지 말고 용(龍)도 상하지 않도록 천광(穿壙)을 해야 한다.

그리고 토색(土色)에 대해서도 구구한 각설이 있으나 이도 역시 자연적인 특성과 지질에 따라 각각 다를 수 있으므로 꼭 오색(五色)이 영롱해야 진혈(眞穴)이 된다는 이유는 없다고 본다.

이를 다시 요약하면 입수(入首)나 좌향(坐向)에 의해서 혈심(穴深)이나 토색(土色)이 결정되는 것이 아니고 토심(土深)에 따라 천심(淺深)이 다르며, 또한 진룡(眞龍) 진혈(眞穴)에서는 토색(土色)에 구애를 받지 않고 다만 단단하면서 윤기가 있고 선명하면 좋은 것으로 본다.

제 4 장
바람과 물, 사격(砂格)

바람과 물, 사격(砂格)

1. 바람(風)과 물(水)

　본시 산이란 흙이 쌓여서 산이 된 것인데 산이 바람을 타게 되면 흙은 가루가 되어서 흩어지게 된다(사막으로 화함). 그러나 물이 있으면 바람에도 날아가지 않고 오히려 물의 조화로 인하여 땅의 기운이 생성(生成)되고 초목도 무성하게 자란다. 이리하여 음택(陰宅)에서는 바람과 물을 대단히 중요시하고 있다.

　풍수지리에서 장사(葬事)는 생기(生氣)를 타고 행해져야 되는데 본시 생기(生氣)란 바람이 닿지 않아야 모이고, 또한 물을 얻어야 융결(融結)이 된다고 이르고 있다. 이래서 물은 모여야 좋고 바람은 흩어지면서 닿지 않아야 마땅하다.

　물(水)을 쓰는 법은 길수(吉水)도 있고 흉수(凶水)도 있으나 바람은 크게 모두 꺼린다. 비록 용이 아름답고 혈장(穴場)이 좋아도 한 줄기 바람이 불어 닿게 되면 생기는 흩어지고 한 차례 파재(破財)의 재앙을 면하기가 어렵다고 한다. 이 흉하게 꺼리는 바람에도 팔방살풍(八方殺風)이 있는데 이는 다음과 같다.

(1) 팔방살풍(八方殺風)

⑴ : 혈(穴) 앞으로 凹형의 바람이 불어 닿게 되는 것은 명당

(明堂)이 기울거나 안사(案砂 : 앞산)가 없어서 생기게 되는데 이렇게 되면 당기 명당(明堂) 안에 기운을 거두어 들이지 못하여 집안이 빈궁하거나 사업에 실패를 하고 종내에 가서는 후사(後嗣)마저 없어진다고 한다.

⑵ : 혈(穴) 뒷면에서 닿는 바람인데 이는 뒷면에 산봉우리나 능선으로 가리운 것 없이 공허(空虛)하면 강한 바람이 몰아 닥치게 되어 자손이 번창하지를 못하고 단명을 한다고 한다.

⑶ : 혈 왼편에서 불어오는 凹형의 바람이다. 이는 청룡(靑龍)이 없거나 혹 있다 해도 용사(龍砂)가 미약하고 무정하여 골바람이 닿게 되는데 이렇게 되면 장손(長孫)이 독신자나 독신녀가 된다고 한다.

⑷ : 혈 오른편에서 불어오는 凹풍은 백호(白虎) 등이 끊어지거나 공허하여 바람이 닿게 된다. 이렇게 되면 혈을 보호하지 못하는 것이 되어 자손이 요절(夭折)하거나 패망에까지 이른다고 한다.

⑸, ⑹ : 혈 양편 어깨(肩) 부위의 방위가 공허하고 가리운 것이 없으면 凹풍이 불어 닿게 되는데 이렇게 되면 설령 혈장(穴場)이 좋다 해도 어깨를 상한 격이 되어 큰 뜻을 이루지 못하고 집안이 쇠잔해진다고 한다.

⑺, ⑻ : 혈전(穴前) 좌·우 두 발치에서 불어오는 凹풍이 불어 닿게 되면 재산이 패하고 자손이 자주 와서 성묘를 못 하게 된다고 한다.

이상과 같이 음택(陰宅)에서 바람은 백해 무익하고 꺼리는 것이나 그 중에서도 간인방(艮寅方)과 건술방(乾戌方)의 바람을 가장 꺼리고 있다. 만일 이곳 방위에서 거센 凹풍이 닿게 되면 재산이 패하고 후사마저 위태롭다고 한다.

⑵ 안수(案水)와 조수(朝水)

풍수지리에서 물은 산지(山地)의 정기혈맥(精氣血脈)이라 하여 대단히 중시하고 있다. 특히 이르기를 "먼저 물의 오고 감을 살피고 다음 산을 보라. 비록 입수(入首) 용맥(龍脈)이 수려하고 정혈(正穴)이 되어도 물과 배합이 되지 못하면 크게 발복할 수 없으며 천산(千山)이 다 좋아도 일수(一水)의 흉한 것을 당해 내지 못하고 일수(一水)의 흉한 것은 백세자손(百世子孫)의 재앙이 된다"라 하였고, "또 부귀빈천(富貴貧賤)은 용혈(龍穴)에 있으나 길흉화복(吉凶禍福)은 물에 달렸다"라 이르고 있다.

여기서 물은 안수(案水)와 조수(朝水)로 대별을 하는데, 안수(案水)는 혈지(穴地)의 정면 안산(案山) 앞에 있는 물을 안수(案水)라 하고 조수(朝水)는 청룡과 백호, 안산(案山)과 안수(案水) 밖에 있는 모든 물을 조수(朝水)라 칭한다.

안수(案水)는 주산(主山)에서 물이 흘러 자연적으로 웅덩이나 늪을 이루어 안수가 되는 곳도 있고, 또한 외래수(外來水)가 흘러와 안수가 되기도 하는데 이 안수는 혈 바로 앞에 모이는 것이 좋고 모이는 물은 깊고 맑을수록 좋으며 또 오는 물(來水 : 또는 득수)과 가는 물(去水 : 또는 破)은 고요하게 멀리서 오고 멀리로 가는 것이 좋다고 한다.

조수(朝水)는 혈산(穴山)을 싸고 돌면서 좌·우가 조응(朝應)하듯 흐르면 길국(吉局)으로 치는데 물은 특히 안수(案水)나 조수(朝水)를 막론하고 활[弓]처럼 혈을 등지거나 화살처럼 쏘아오는 사수(射水)가 되어서도 아니 되고 혈 앞에서 곧게 빠져 나가는 직수(直水)가 되어도 모두 흉수(凶水)로 친다. 그리고 물은 깊어도 물살이 급하지 않고 순하면서 물소리가 들리지 않아야 하며,

가는 물줄기는 구불구불 혈을 싸고 흐르는 포수(抱水)가 되어야 길격(吉格)이 된다고 한다.

○ 금성수(金星水)

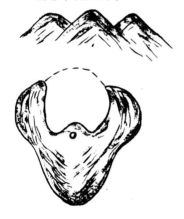

금성수(金星水)는 물의 흐름이 쇠북과 같이 혈을 둥글게 감싸 돌고 흘러서 가장 귀하게 여긴다. 이렇게 물이 혈을 감싸 돌고 흐르면 보기 드문 복록과 부귀를 누리면서 세인의 칭송을 받고 의 (義)를 숭상하는 자손이 배출된다고 한다.

------ 물

○ 목성수(木星水)

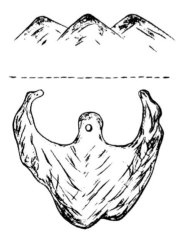

목성수(木星水)는 나무와 같이 곧게 흐르는 직수(直水)가 성문을 이루어서 흉하게 본다. 이와 같이 물이 흐르면 부자가 되기는 어렵다고 보며 다만 진룡(眞龍)에 정혈(正穴)이 되면 대대로 강직한 인물이 배출된다고 한다.

○ 수성수(水星水)

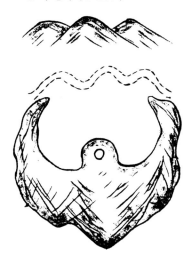

수성(水星)형의 물이 굽이 굽이 혈을 감싸고 흐르면 의식(衣食)이 풍후하고 자손 또한 총명하다. 그리고 입수용맥(入首龍脈)이 올바르고 정혈(正穴)이 되면 대대로 국가고시(考試)에 합격하여 크게 영광을 누린다고 한다.

○ 화성수(火星水)

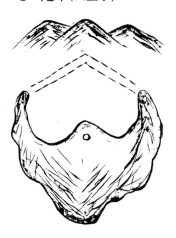

화성(火星)형의 물줄기가 그림처럼 뾰족하게 성문을 만들면 크게 좋지 못하다. 만일 이와 같이 물이 흐르면 거만하고 강폭한 자손이 나서 쉽게 대발(大發)했다가도 곧 쉽게 패배하는 것으로 본다.

○ 토성수(土星水)

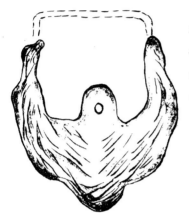

　토성(土星)형의 물줄기가 모나
게 단정하고 기울지 아니하면 자
손은 부귀하고 신망 있는 인물이
배출되어 대대로 이름을 떨칠 것
이라 한다.

○ 선청수(漩靑水)

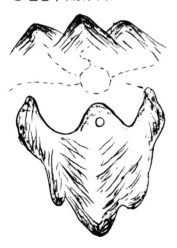

　선청수(漩靑水)란 혈 앞에 여
러 물이 한데 모여 이룩된 연못
같은 것을 선청수라 이르는데,
혈 앞에 못이 형성되면 집안이
왕기를 받아 십중팔구는 큰 부자
가 된다고 보고 있다.

○ 조배수(朝拜水)

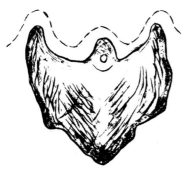

　조배수(朝拜水)란 물이 흘러 들어와 용을 감싸고 흐르는 것을 뜻하는데, 이렇게 되면 진룡(眞龍)임이 분명하고 이와 같은 조배수가 형성되면 반드시 공직에 높이 출세하는 자손이 배출된다고 한다.

○ 취천수(聚天水)

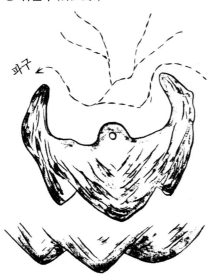

　취천수(聚天水)는 물이 여러 곳에서 한 곳으로 모여 흐르니 기운을 국(局)으로 거두어 들이게 된다. 이렇게 되면 내룡(來龍)이 생기가 있고 그 기운이 왕성하여 자손이 길이길이 부귀할 것이라 한다.

○ 반궁수(反弓水)

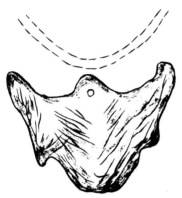

반궁수(反弓水)는 흘러와서 혈 앞을 지난다 해도 등져 굽어 흐르니 불길하다. 만일 이렇게 되면 일찍이 자손은 고향을 떠나게 되고 품행이 음란하며 가정 또한 빈궁하다고 한다.

○ 누시수(漏顋水)

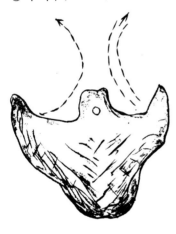

누시수(漏顋水)는 두 갈래로 물이 흘러 나가니 용의 기운을 누설하게 되어 좋지 못하다. 만일 이렇게 물이 흐르게 되면 장사를 지낸 뒤 재물이 쉽게 쇠퇴하거나 아니면 난치(難治)의 질병이 생긴다고 한다.

○ 천비수(穿臂水)

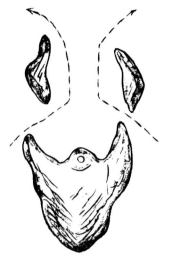

　천비수(天臂水)의 물은 청룡(靑龍)과 백호(白虎)의 등이 낮고 오목해서 물길이 그 사이를 통하게 되는데 이는 양 팔을 뚫은 격이 되어 불길하다. 이렇게 되면 홀아비와 과부가 생기고 가세는 점점 빈궁해진다고 한다.

○ 분류수(分流水)

　분류수(分流水)는 청룡(靑龍)과 백호(白虎)가 무정한 가운데 물이 여덟 팔자(八字) 모양으로 흘러 나가면 불길하다. 만일 이렇게 되면 자손이 번성하지 못하고 재물 또한 쇠퇴하여 곤궁하며 하는 일마다 큰 뜻을 이루지 못한다고 한다.

○ 장강수(長江水)

장강수(長江水) 즉 긴 강물이 혈 앞을 감싸고 유유히 흐르면 뛰어난 큰 인물이 배출되고, 또한 흘러 오는 강물은 보여도 나가는 강물이 보이지 않으면 재산이 태산같이 불어난다고 한다.

○ 지현수(之玄水)

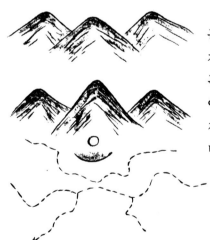

지현수(之玄水)는 흐르는 물줄기가 검을 현자(玄)나 갈 지자(之)와 같은 형태로 흐르는 것을 뜻하는데, 물의 흐름이 이와 같이 되면 뛰어난 수재와 영명한 박사(博士) 등이 배출된다고 한다.

○ 환포수(環抱水)

○ 충심수(沖心水)

○ 구곡수(九曲水)

○ 충협수(沖脇水)

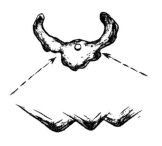

○ 충혈수(沖穴水)

○ 배역수(背逆水)

○ 원진수(元辰水)    ○ 월견수(越見水)

　이상 열거한 외에도 혈을 감싸고 흐르는 환포수(環抱水), 꼬불꼬불 굽어 흐르는 구곡수(九曲水) 등은 가장 귀하게 보는 길수(吉水)이나 화살같이 심장부를 쏘아오는 충심수(冲心水), 양쪽 갈비 부위를 쏘아오는 충협수(冲脇水), 혈 앞에서 곧게 흘러오는 원진수(元辰水), 혈을 등지고 흘러가는 배역수(背逆水), 멀리 산 넘어서 엿보는 월견수(越見水) 등등은 모두 흉수(凶水)로 보고 있다.

　그리고 수질(水質)로도 길흉을 가리는데 물이 깨끗하고 맑으면 지혜롭고 재주 있는 자손이 배출되고, 물이 흐리거나 깨끗하지 못하면 자손들이 총명하지를 못하다고 한다.

2. 사격(砂格)

　사격(砂格)이란 혈지(穴地)의 전후좌우에 나열(羅列)되어 있는 산과 물, 암석(岩石), 도로 등등을 총칭하여 사격(砂格)이라 한다.

　이 사(砂)는 형상(形象)을 제일로 치는데 아름답게 보이면 길사격(吉砂格)이 되고 흉하게 보이면 흉사격(凶砂格)이 된다.

　대개 지리자연의 형세가 길사격이 나열(羅列)된 곳에는 명당(明堂)이 형성되고 흉사격이 열립(列立)된 곳에는 흉지(凶地)가 이룩된다고 한다.

그리고 아무리 좋은 길사격(吉砂格)이 나열되어 있다 해도 결혈지(結穴地)가 아니면 모두 소용이 없다. 먼저 명당의 생김생김과 대소에 따라 그 형상과 방향, 원근, 유정, 무정 등을 살피고 적당성(適當性) 여부를 분별해야 하는데, 이를 사람에 비유하여 비록 좋은 귀관석(貴官席)이 있다 해도 인격을 갖추지 못하면 이를 차지하지 못하는 것과 흡사하여 아무런 도움이 되지 못한다고 한다.

그리하여 함부로 길사격(吉砂格)만 생각하고 묘터나 집터를 선정하는 것은 잘못된 판단이라 본다. 먼저 당지의 결혈(結穴) 여부를 면밀히 관찰하고 판정한 다음 사격의 길흉을 살피면서 후손에게 미치는 영향을 추정해야 한다.

사격(砂格)이 미치는 영향은 형상과 위치(방위) 그리고 원근에도 차이가 있으나 대체로 사격이 가까이 있으면 근대(近代)에 영향을 주는 이와 달리 멀리 있으면 후대(後代)에 영향을 주는 것으로 보고 있다.

그리고 항상 당지의 생김생김을 위주로 하여 길사격(吉砂格)의 등차와 흉사격(凶砂格)의 형상을 연관시켜서 길흉을 추정해야 한다.

(1) 길사(吉砂)와 흉사(凶砂)

사격(砂格)은 그 형상(形象)을 중시(重視)하는데 사격이 아름답게 보이면 길사(吉砂)가 되고 이와 반대로 흉하게 보이면 흉사(凶砂)가 된다. 대체로 용맥이 수려한 귀봉사(貴峰砂)가 있는 곳에는 벼슬이 많이 나고, 산세가 풍만한 부봉사(富峰砂)에서는 부자(富者)가 나며, 붓 끝처럼 생긴 필봉사(筆峰砂)에서는 문장과 명필이 배출되고, 반달처럼 아름답게 생긴 반월사(半月砂)가 있는 곳에는 남녀 간에 미인이 많이 출생된다고 한다.

이와 반대로 산이 찢어지거나 흩어진 파산사(破散砂)에서는 재산이 흩어지고, 용맥이 끊어진 단절사(斷絶砂)에서는 후사(後嗣)가 끊어지며, 등지고 달아나는 도주사(逃走砂)에서는 경영하는 일에 실패를 하고 각기 흩어져 살게 되며, 치마를 벗어 걸어 놓은 듯한 현군사(懸裙砂)에서는 음탕한 행동을 하고, 멀리서 넘겨나 보는 규봉사(窺峰砂)가 있으면 집안에 도적이 생긴다고 한다.

㉮ 길사(吉砂)

○ 효자(孝子) 및 열녀사(烈女砂)

건방(乾方)이나 간방(艮方)에 있는 산봉우리들이 혈을 향해 유정하게 응대하고 간방(艮方)에 맑은 물이 있으면 효자가 나고, 임(壬)정(丁)방에 물이 검을 현자(玄)자처럼 흐르면 열녀사(烈女砂)라 하여 열녀가 난다고 한다.

○ 충신(忠臣)형제사(兄弟砂)

안산(案山)이 유정하게 주인과 손님이 대좌한 것처럼 응대하고 오(午)미(未)정(丁)방의 산들이 북향을 하고 있으면 충신이 배출되고, 혈(穴) 뒤에 멀리서라도 쌍봉이 있거나 안산(案山)에 쌍봉이 단정하게 있으면 형제들이 모두 어질다고 한다.

○ 의사(醫砂) 및 광학사(廣學砂)

청룡 밖에서 침(針)같은 뾰족한 봉우리가 넘겨다 보면 의사(醫師)가 나고, 축(丑) 손(巽) 방위에서 긴 강물이 흘러오면 광학사(廣學砂)라 하여 박학다재(博學多才)한 인물이 배출된다고 한다. 이 외에도 간방(艮方)의 산이 높으면 재물이 늘어나고, 축간(丑艮) 두 방위에 긴 강물이 맑고 넓으면 대 학자(學者)가 배출되고, 청룡(靑龍)과 안산(案山)이 붓끝처럼 생긴 뾰족한 봉우리가 되면 문필봉(文筆峰)이라 하여 귀하게 본다.

그리고 건(乾)곤(坤)간(艮)손(巽) 네 방위에 모두 아름답게 빼어난 산이 있으면 다복(多福)하지만 한 방위라도 산이 없으면 감복(減福)이 된다고 한다.

대체로 간(艮)손(巽)태(兌) 방위의 산들이 높으면 부귀(富貴)하고, 자(子)오(午) 방위의 산봉우리가 서로 유정하게 응대하고 있으면 부부가 화목하고, 신방(申方)에 세 봉우리(三峰)가 수려하게 빼어나면 5년 내에 대귀(大貴)하고, 정방(丁方)에 산들이 빼어나면 문장가(文章家)가 배출된다고 한다.

(나) 흉사(凶砂)

○ 유방(酉方)에서 엿보는 규산(窺山)이 있으면 크게 흉하고, 간방(艮方)에서 규산이 엿보면 근심과 걱정이 끊이지 않고, 인방(寅方)에서 엿보는 규산이 가까이 있으면 형액(刑厄)이 발생하기 쉽고, 사(巳)오(午)미(未) 방위의 규산(窺山)도 다같이 흉한 것으로 본다.

○ 술방(戌方)에서 엿보는 규산(窺山)이 있으면 장자에게 불리하고, 또한 집안에 도적이 자주 침입하게 된다고 보며, 묘(卯)손(巽) 방위의 산들이 가까이서 엿보면 큰 며느리가 병을 얻어 고생을 한다고 한다.

○ 신방(辛方)에서 규산(窺山)이 엿보면 집안에 도적이 생기고, 건방(乾方)에서 엿보는 산이 가까이 있으면 나쁜 질병이 발생하고, 자(子)축(丑) 두 방위에서 엿보는 규산(窺山)이 있으면 도적으로 패망한다고 한다.

○ 오성수제(五星受制)라 함은 남쪽에 금성산(金星山)이 있고, 동쪽에 토성산(土星山), 서쪽에 목성산(木星山), 북쪽에 화성산

(火星山) 등이 있는 것을 오성수제(五星受制)라 이르며, 이는 모두 서로 상극(相剋)이 되어 크게 꺼리고 흉한 것으로 본다.

○ 사살천권(四殺擅權)이라 함은 진(辰)술(戌)축(丑)미(未) 네 방위의 산들이 너무 높아 혈장을 누르는 듯하면 사살천권(四殺擅權)이라 하여 크게 흉한 것으로 보고, 또 사금요(四金凹)라 하여 진(辰)술(戌)축(丑)미(未)방위의 산들이 너무 오목하게 생겼어도 흉격으로 친다.

○ 삼대저(三大祗)라 하여 병(丙)오(午)정(丁) 세 방위의 산들이 너무 얕아도 흉격으로 보고, 사신박(四神剝)이라 하여 건(乾)곤(坤)간(艮)손(巽) 네 방위의 사격(砂格)에 돌무덤이 있으면 재패(財敗)를 당한다는 흉사(凶砂)로 보고 있다.

○ 대개 신방(申方)이 움푹하게 꺼지거나 들어가게 되면 집안에 전사자(戰死者)가 생기고, 자방(子方)이 허술하면 성질이 흉폭한 자손이 난다고 한다.

○ 환관사(宦官砂)라 하여 녹존(祿存)과 파군(破軍) 방위에 보기 흉한 암석(岩石)이나 돌무덤같은 것이 있으면 고자(鼓子 : 생식기가 불완전한 남자)가 나고, 태방(兌方)이나 정방(丁方)에 물이 흐르고 안산(案山)에 쇠뿔같이 두 봉우리가 솟아 있으면 쌍산사(雙産砂)라 하여 쌍태(雙胎 : 쌍동이)를 낳는다고 한다.

○ 이롱사(耳聾砂)는 토성산(土星山)에서 건방(乾方)이나 술방(戌方)으로부터 凹풍이 닿게 되면 이롱사(耳聾砂)라 하여 귀머거리가 나고, 오(午)미(未)정(丁) 방이 공허(空虛)하고 진방(辰方)의 물과 손방(巽方)의 물이 이어지게 되면 어눌사(語訥砂)라 하여 말을 더듬는 자손이 난다고 한다.

○ 사교사(蛇蛟砂)는 사방(巳方)에서 오는 물이 계방(癸方)으로 흘러 나가면 사교사(蛇蛟砂)라 이르는데, 만일 이와 같이 되면 뱀

에 물리는 일이 생기고, 경(庚)유(酉)신(申) 세 방위에 창 끝과 같은 사(砂)가 있으면 병사사(兵死砂)라 하여 전쟁 중 집안에 전사자(戰死者)가 생긴다고 한다.

○ 산사사(産死砂)는 곤방(坤方)에서 부는 바람이 간방(艮方)으로 와 닿으면 산사사(産死砂)라 하여 출산(出産) 중에 불상사가 생기고, 배곡사(背曲砂)는 굽은 주룡(主龍)이 그대로 입수(入首)되면 배곡사(背曲砂)라 하는데, 만일 이와 같이 배곡사가 되면 곱사가 난다고 보고 있다.

○ 미(未)곤(坤)신(申) 방이 공허하여 바다 물이 넘겨다 보이게 되면 흉통고질사(胸痛痼疾砂)라 하여 풍병(風病)이 생기고, 건방(乾方)이나 오방(午方)에 돌무덤이 있으면 맹인(盲人 : 봉사)이 나고, 청룡(靑龍)에 작은 봉우리가 붙어 있으면 양자(養子)를 하게 되고, 백호(白虎)등에 작은 산이 같이 붙어 있으면 간부(間夫)를 두는 여자가 생긴다고 한다.

(2) 암석(岩石)으로 본 길흉

암석이라 함은 바위나 큰 돌을 이르는데 여기서 뜻하는 암석(岩石)은 땅 속에 뿌리를 박고 있는 큰 바위 돌산을 말하고, 입석(立石)은 땅 위에 우뚝 서 있는 큰 바위를 뜻한다.

○ 임방(壬方)이나 해방(亥方)에 높은 바위가 서 있으면 대대로 부귀를 누릴 수 있으나, 이와 반대로 큰 바위가 땅에 묻혀 있으면 재산이 흩어진다고 한다.

○ 감방(坎方)이나 계방(癸方)에 우뚝하게 높이 솟은 바위가 서 있으면 형제들이 벼슬을 하고, 이와 반대로 큰 바위가 땅에 뿌리를 박고 묻혀 있으면 과부가 생기면서 음란하다고 한다.

○ 간방(艮方)에 큰 바위가 우뚝하게 서 있으면 효자(孝子)와

충신(忠臣)이 배출되고, 또한 입석(立石)이 아닌 암석(岩石)이 있어도 길사(吉砂)로 본다.

다만 축방(丑方)에 우뚝 솟은 큰 바위는 부귀를 상징하나 단명(短命)을 하고 암석(岩石) 또한 대흉(大凶)한 사격(砂格)으로 치고 있다.

○ 청룡(靑龍)등에 우뚝한 입석(立石)은 무관(武官)을 상징하는 길사(吉砂)로 보나, 백호(白虎)등에 서 있는 입석(立石)은 사기(詐欺)를 당한다는 흉석(凶石)으로 보고 있다.

○ 인(寅)신(申)사(巳)해(亥) 네 방위 위에 있는 입석(立石)은 후사가 끊어진다는 대흉석(大凶石)으로 보고, 손방(巽方)에 우뚝한 입석은 자손 중에 문필가(文筆家)가 탄생하여 명성을 떨친다는 길사(吉砂)로 친다. 이와 달리 암석이 있으면 안질(眼疾)이 자주 발생한다고 한다.

○ 당혈 아래에 우뚝한 입석이 서 있으면 당년에 발복하여 관직에 오르고, 신방(申方)에 입석이 있으면 자손 중에 문장가(文章家)가 배출되나 만일 입석이 아닌 암석이 있게 되면 여자가 음란하다고 한다.

○ 경(庚)태(兌) 방에 있는 입석이나 암석은 다같이 좋게 보며, 특히 이 방위에 입석(立石) 삼봉(三峰)이 서 있으면 집안에 충신이 배출된다고 한다.

○ 술(戌) 해(亥) 방의 입석도 귀하게 본다. 이곳 입석은 자손이 번성하고 높이 출세하여 이름 떨칠 수 있으나 만일 암석이 있게 되면 크게 흉한 것으로 보고 있다.

제 5 장
좌향(坐向)과 방위(方位)

좌향(坐向)과 방위(方位)

　풍수지리의 이론적 구조는 형세법(形勢法)과 좌향론(坐向論) 등으로 구성이 되는데, 형세법(形勢法)에서는 지형과 지세를 강조하고 용(龍)·혈(穴)·사(砂)·수(水)의 사상(四相)이 상호 적절한가에 모든 주의를 기울이며 중시하고 있으나, 반면 좌향론(坐向論)을 중심으로 하는 방위법(方位法)에서는 자연스럽게 조성된 산과 물의 형세를 보고 명당(明堂)을 정할 수도 있지만 음양의 이기(理氣)를 수용하여 거기에 들어서는 묘(墓)의 향(向)은 산과 물이 몰래 지니고 있는 24방위의 음양과 오행의 기(氣)에 맞도록 입향(立向)을 해야 된다는 것을 옛 선현들은 모두 역설하고 있다.

　그리하여 묘(墓)의 좌향(坐向) 즉 입향(立向)을 함에 있어서는 먼저 사룡(死龍)을 버리고 생룡(生龍)을 취하며, 가혈(假穴)을 버리고 진혈(眞穴)을 취하며, 흉사(凶砂)를 버리고 길사(吉砂)를 택하며, 악수(惡水)를 버리고 길수(吉水)를 택하는 방법 등등인데, 이는 모두 방위 즉 입향(立向)을 정하는 데 달렸으며, 그 미치는 영향과 발효의 차도 방위에 따라서 판이하게 다르게 된다.

　용(龍)에도 향(向)에 따라 생왕사절(生旺死絶)이 붙고, 혈(穴)에서도 향(向)에 의해서 유기(有氣)와 무기(無氣)를 알며, 사(砂)에는 향으로 득위(得位)를 짐작하고, 물〔水〕은 향으로 그 길흉을 알게 되는데, 이 네 가지 형상은 모두 「향」이 정해지면 「향」

을 기준하여 추정(推定)하게 된다. 이 향법(向法)은 형세법(形勢法)과 달리 선현들이 표준을 삼아 사용해 왔으며 각기 국내(局內)의 생(生), 왕(旺), 묘(墓) 방위가 일정하다. 옛 글에 이르기를 용혈(龍穴)의 길흉은 물에 있고 물의 길흉은 향에 달렸다고 하였다. 비록 생왕된 용혈(龍穴)이라해도 입향(立向)이 잘못되면 생왕(生旺)이 사절(死絶)로 화하고 관록(官祿)이 귀살(鬼殺)로 변하게 된다. 특히 근세에 와서 학자들 사이에서도 명산길지는 이미 옛 선현들이 점령하였으니 생기(生氣)에 맞추어 입향(立向)하는데 역점을 둔 방위법을 대단히 중시하고 있다.

1. 좌향(坐向)과 격국(格局)

○ 목국(木局)

건갑정(乾甲丁) 해묘미(亥卯未)는 삼합오행(三合五行)으로 탐랑목국(貪狼木局)이 된다. 가령 건해(乾亥), 갑묘(甲卯), 정미(丁未) 방으로 묘향(墓向)을 놓았다면 이는 목국(木局)이다. 목국이란 건갑정(乾甲丁)의 갑목(甲木)을 주동하여 12운성(運星)에서 생왕(生旺)을 가리게 된다.

즉 갑(甲)에는 해(亥)가 생(生)이고 묘(卯)가 왕(旺)이며 미(未)가 묘(墓)가 되면서 도표와 같이 순서대로 짚어가면 된다.

이래서 생방(生方)은 건해방(乾亥方)이 되고 왕방(旺方)은 갑묘방(甲卯方)이며 묘방(墓方)은 정미방(丁未方)이 된다.

건해(乾亥) 갑묘(甲卯) 정미(丁未) 향(向)

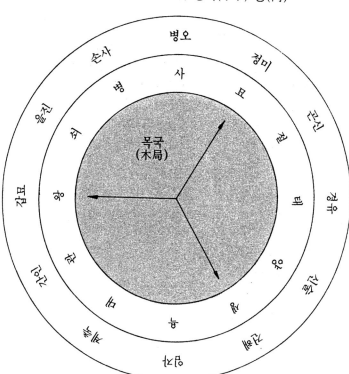

○ 화국(火局)

간병신(艮丙辛) 인오술(寅午戌) 방으로 묘향(墓向)을 놓았다면
이는 염정화국(廉貞火局)이 된다. 화국은 간(艮) 밑에 있는 병화
(丙火)를 주동하여 12운성을 붙이면 병(丙)에는 인(寅)이 생(生)
이고 묘(卯)가 욕(欲)이며 진(辰)이 대(帶)가 되어서 순서대로
짚어가면 계축(癸丑)은 양방(養方)이 되고 간인(艮寅)은 생방(生
方)이며 병오(丙午)는 왕방(旺方)이고 신술(辛戌)은 묘방(墓方)
이다.

간인(艮寅) 병오(丙午) 신술(辛戌) 향(向)

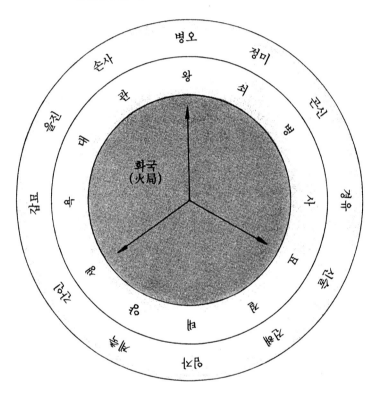

○ 수국(水局)

곤임을(坤壬乙) 신자진(申子辰) 방으로 묘향(墓向)을 놓았다면 문곡수국(文曲水局)이 된다. 「수국」은 곤(坤) 밑에 있는 임수(壬水)를 주동하여 12 운성을 찾으니 신(申)이 생(生)이 되고 유(酉)가 욕(浴)이며 자(子)가 왕(旺)이 되면서 곤신(坤申)방이 생방(生方)이 되고 임자(壬子)방이 왕방(旺方)이며 을진(乙辰)이 묘방(墓方)이다.

곤신(坤申) 임자(壬子) 을진(乙辰) 향(向)

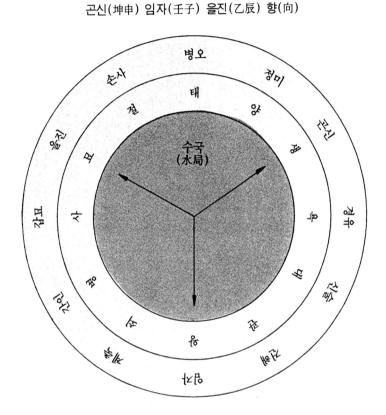

○ 금국(金局)

손경계(巽庚癸) 사유축(巳酉丑) 향으로 하여 묘(墓)를 쓰게 되면 무곡금국(武曲金局)이 된다. 이는 손(巽) 밑에 있는 경금(庚金)을 주동하여 차례로 짚으면 사(巳)가 생(生)이 되고 오(午)가 욕(欲)이 되며 진(辰)이 양방(養方)이고 손사(巽巳) 방위가 생방(生方)이 되면서 경유(庚酉)가 왕방(旺方)이고 계축(癸丑)이 묘방(墓方)이다.

손사(巽巳) 경유(庚酉) 계축(癸丑) 향(向)

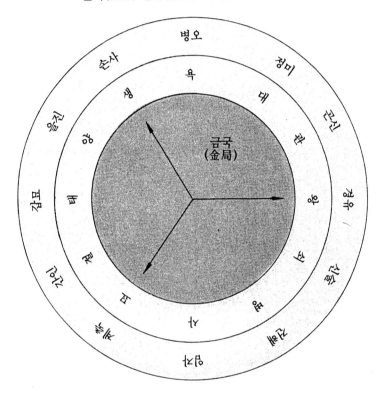

이상과 같이 묘(墓)의 좌향(坐向)을 기준으로 하여 각국을 격정(格定)하기도 하고 또한 각국에 따라서 12운성(運星)의 자리도 각각 달리하게 된다.

2. 득수(得水)와 파구(破口)

득수(得水)란 흘러오는 물이 처음 보이는 곳(初見處)을 득수(得水)라 이르고, 파구(破口)는 흘러가는 물이 마지막 보이는 곳

(終見處)을 파구(破口) 또는 수구(水口)라 칭하고 있다.

그리고 득수(得水)는 혈(穴)이 되기 위하여 용맥(龍脈)의 변화와 굴곡(屈曲)에 따라 그림과 같이 굴지점(屈地點)에서 물이 생기게 된다고 하여 이 굴지점을 곧 득수 지점(得水地點)으로 보기도 한다. 이 득수 지점은 혈지(穴地)에서 가장 가까운 곳이 되며 이를 내득수(內得水)라 이르고 내득수 지점의 위에 또 굴곡된 지점에 있으면 역시 굴지점에 물이 생긴다고 하여 이것을 외득수(外得水)라 칭하기도 한다.

파구(破口)는 곧 명당(明堂)의 물이 흘러나가는 마지막 보이는 곳을 이르는데, 이는 혈지(穴地)를 에워싸고 있는 산을 따라 바람과 물이 출입하는 대문(大門)과 같은 곳이라 하여 득수 지점보다 파구 지점을 더욱 중시하고 있다. 이를 다시 말하면 득수 지점에서 처음 생긴 물이 흘러가 마지막 보이고 산과 물이 다하는 합구처(合口處)가 곧 수구(水口)가 된다. 이래서 내득수(內得水) 합구처(合口處)를 내파구(內破口)라 하고 외득수(外得水) 합구처를 외파구(外破口)라 이르기도 한다.

특이하게 평양지(平洋地)에서는 비록 물이 없어도 한 치 낮은 곳을 물로 보고 한 치 높은 곳을 산으로 보기도 한다. 이래서 입수(入首) 양돌지(陽突地)는 양(陽)이 되고, 득수(得水) 음굴지(陰屈地)는 음(陰)이 되어 음양(陰陽)이 배합을 이루는 것과 같이 파구의 물(水)과 혈이 맺어진 용(龍)은 유정하게 용수(龍水)가 음양배합(陰陽配合)을 이루어야 길국(吉局)이 형성되면서 조화가 생기게 된다. 앞에서 설명한 입수(入首 : 凸한 곳)와 득수(得水 : 凹한 곳), 혈좌(穴坐 : 凸한 곳), 파구(破口 : 凹한 곳)는 다 함께 명당(明堂)의 본체사상(本體四相)이라 이르며, 이는 상호 밀접한 연관성을 지니기 때문에 대단히 중시하고 있다. 그래서인지 득수(得水)와 파구(破口)의 방법론이 번거롭게 다양하고 구구하여 자칫 착란(錯亂)을 가져오기가 쉽다.

구성법(九星法)에서도 향상구성법(向上九星法)과 용상구성법(龍上九星法)이 있고, 12운성(運星) 포태법(胞胎法)에서도 장생포태법(長生胞胎法)과 사국포태법(四局胞胎法) 및 순역포태법(順逆胞胎法) 등등이 있으니, 점혈입향(占穴入向)시 두루 참작하여 그 가운데서 가장 적합하고 상생무해(相生無害)한 것을 취용하면 무난하리라.

본시 산과 물은 서로 그리워(相戀)하기 때문에 정의가 따르고 서로 배합이 되면서 정다워야 길격(吉格)이 되고 길격이 되어야 조화를 이루게 된다.

득수(得水)와 파구(破口) 추상도(推想圖)

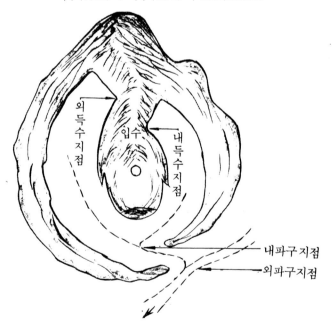

(1) 향상구성법(向上九星法)

좌산 \ 구성방위	파군(破軍)	녹존(祿存)	탐랑(貪狼)	거문(巨文)	문곡(文曲)	염정(廉貞)	무곡(武曲)	복음(伏吟)
건갑산(乾甲山)	태(兌)정(丁) 사(巳)축(丑)	진(震)경(庚) 해(亥)미(未)	곤을(坤乙)	감(坎)계(癸) 신(申)진(辰)	손신(巽辛)	간병(艮丙)	이(离)임(壬) 인(寅)술(戌)	건갑(乾甲)
곤을산(坤乙山)	간병(艮丙)	손신(巽辛)	건갑(乾甲)	이(离)임(壬) 인(寅)술(戌)	진(震)경(庚) 해(亥)미(未)	태(兌)정(丁)	감(坎)계(癸) 신(申)진(辰)	곤을(坤乙)
감(坎)계(癸) 신(申)진(辰)산	진(震)경(庚) 해(亥)미(未)	간병(艮丙)	이(离)임(壬) 인(寅)술(戌)	건갑(乾甲)	태(兌)정(丁) 사(巳)축(丑)	진(震)경(庚) 해(亥)미(未)	곤을(坤乙)	감(坎)계(癸) 신(申)진(辰)
이(离)임(壬) 인(寅)술(戌)산	곤을(坤乙)	태(兌)정(丁) 사(巳)축(丑)	감(坎)계(癸) 신(申)진(辰)	곤을(坤乙)	이(离)임(壬) 인(寅)술(戌)	손신(巽辛)	건갑(乾甲)	이(离)임(壬) 인(寅)술(戌)
간병산(艮丙山)	이(离)임(壬) 인(寅)술(戌)	건갑(乾甲)	태(兌)정(丁) 사(巳)축(丑)	진(震)경(庚) 해(亥)미(未)	간병(艮丙)	건갑(乾甲)	손신(巽辛)	간병(艮丙)
진(震)경(庚) 해(亥)미(未)산	감(坎)계(癸) 신(申)진(辰)	곤을(坤乙)	진(震)경(庚) 해(亥)미(未)	간병(艮丙)	곤을(坤乙)	감(坎)계(癸) 신(申)진(辰)	태(兌)정(丁) 사(巳)축(丑)	진(震)경(庚) 해(亥)미(未)
손신산(巽辛山)	건갑(乾甲)	감(坎)계(癸) 신(申)진(辰)	간병(艮丙)	태(兌)정(丁) 사(巳)축(丑)	건갑(乾甲)	이(离)임(壬) 인(寅)술(戌)	간병(艮丙)	손신(巽辛)
태(兌)정(丁) 사(巳)축(丑)산	손신(巽辛)	이(离)임(壬) 인(寅)술(戌)	손신(巽辛)	손신(巽辛)	감(坎)계(癸) 신(申)진(辰)	곤을(坤乙)	진(震)경(庚) 해(亥)미(未)	태(兌)정(丁) 사(巳)축(丑)

보기　향상구성법(向上九星法)은 묘(墓)의 좌(坐)를 기준하여 구성(九星)의 소재방위를 축적하고 득수(得水)와 파구(破口)의 길흉을 가리기도 한다.

가령 건산(乾山:건좌)이나 갑산(甲山:갑좌)일 경우 태(兌) 정(丁) 사(巳) 축(丑) 어느 방위이거나 득수(得水)와 파구(破口)가 닿게 되면 파군성(破軍星)이 되고 진(震) 경(庚) 해(亥) 미(未)의 방위에 닿게 되면 녹존성(祿存星)이 된다.

또 곤산(坤山:곤좌)이나 을산(乙山:을좌)일 경우에는 간(艮) 병(丙)방에 파군(破軍)이 닿고 손(巽) 신(辛) 방에 녹존(祿存)이 닿게 된다. 이때 득수(得水)와 파구(破口)가 모두 탐랑(貪狼)과 거문(巨文), 무곡(武曲), 복음(伏吟) 등의 길성(吉星)이 닿게 되면 길국(吉局)으로 보고 그 밖의 파군(破軍), 녹존(祿存), 문곡(文曲), 염정(廉貞) 등의 흉성(凶星)이 닿게 되면 흉국(凶局)으로 친다.

이하 같은 방법으로 묘좌(墓坐)를 기준하여 득수(得水)와 파구(破口)의 길흉을 가리기도 한다.

㈎ 구성(九星)과 득파(得破)의 길흉

○ 파군득(破軍得)(묘 : 墓)

파군(破軍)은 파재(破財)의 별이라 하여 꺼린다. 파군득(破軍得)에 파군파(破軍破)가 되면 관 속에 안개가 서리고 충염(虫炎)과 수염(水炎)이 생겨서 흉하며, 파득(破得) 녹파(祿破) 즉 파군득(破軍得)에 녹존파(祿存破)도 안개가 서리고 충염(虫炎)과 버섯이 생겨서 흉하다.

탐랑파(貪狼破)는 물이 스며들어서 먼저는 흉해도 뒤에는 재물이 흥성하다고 한다.

거문파(巨文破)는 누런 안개와 충수염(虫水炎)이 들어서 초년에는 발복이 없어도 후세에는 흥왕하며 고향을 떠나야 이롭다고 한다.

문곡파(文曲破)는 처음은 흉해도 뒤에는 대성하여 부귀와 영화를 누리게 되고, 염정파(廉貞破)는 수화풍염(水火風炎)이 들어서 불효자가 나고 타향에서 많은 고생을 한다고 보며, 무곡파(武曲破)는 누런 안개와 누런 버섯이 생기고 자손은 모두 고향을 떠난다고 한다.

복음파(伏吟破)는 위로는 누런 안개와 버섯이 생기고 아래로는 화염(火炎)이 들어서 화액(火厄)이 발생하고 종내에는 대패를 하는 흉국이 된다고 한다.

○ 녹존득(祿存得)(절, 포 : 絶, 胞)

녹존(祿存)은 질병의 별이라 하여 꺼린다.

녹존득(祿存得)에 녹존파(祿存破)는 대개 무관한 것으로 보며 또한 다른데 물이 없으면 당대에 발복하여 대대로 영화롭다고 한다.

탐랑파(貪狼破)는 비록 부귀(富貴)는 하나 불의의 질병이 발생하여 자손이 적다고 하며, 거문파(巨文破)는 자손이 많아도 일찍 죽고 패망하기가 쉽다고 본다.

문곡파(文曲破)는 벼슬에 높이 오르고 크게 영화로운 기격(奇格)으로 치며, 염정파(廉貞破)는 각종 흉염(凶炎)이 생기고 자손들이 음탕한 행동을 하다가 형액(刑厄)을 당하고, 무곡파(武曲破)는 수염(水炎)과 충염(虫炎)이 들고 처음은 무과(武科)에 입시를 해도 승진을 못 하고 뒤에는 후사마저 위태롭다고 보고 있다.

복음파(伏吟破)는 화염(火炎)이 들고 뜻하지 않은 흉변과 화액이 발생하여 뒤에는 패가망신, 무후(無後)하며, 파군파(破軍破)는 희고 누런 버섯이 생기고 화염(火炎)이 들며 자손은 고향을 떠나 한때 곤고하게 지낸다고 한다.

○ 거문득(巨文得)(쇠, 제왕 : 衰, 帝旺)

거문(巨文)은 사명(司命)의 별이 되어 존귀(尊貴)하다.

거문득(巨文得)에 거문파(巨文破)가 되면 붉고 누런 꽃이 관(棺)에 가득하여 자손이 많고 부귀영화가 대대로 이어진다고 한다.

파군파(破軍破)는 충염(虫炎)이 들어서 자손이 비록 많아도 패가하고 사방으로 흩어지며, 녹존파(祿存破)는 충염(虫炎)과 수염(水炎)으로 자손이 빈궁하고 부종(浮腫 : 붓는 병)이 생기며, 탐랑파(貪狼破)는 의식이 풍족하고 자손이 흥성하면서 일품(一品) 벼슬에 오른다고 한다.

문곡파(文曲破)도 자손이 흥성하고 벼슬이 일품(一品)에 올라 대대로 영화를 누리게 되며, 염정파(廉貞破)는 수염(水炎)과 목염(木炎)이 들고 자손들이 음탕하며 뱀이나 범에게 물리는 일이 생기고 끝내는 후사(後嗣)마저 끊어진다고 한다.

무곡파(武曲破)는 문무(文武)를 겸전하나 문(文)보다 무귀(武貴)가 많고 자손이 흥성하면서 부귀를 기리 누리며, 복음파(伏吟破)는 화염(火炎)이 생기고 자손은 많아도 집안에 흉화(凶禍)가 발생하여 동기가 불목하고 종내에는 패가망신, 무후(無後)하다고 한다.

○ 탐랑득(貪狼得)(생, 양 : 生, 養)

탐랑(貪狼)은 재물을 상징하는 별이기는 하나 흉성(凶星)을 만나면 전부 좋지는 못하다. 탐랑득(貪狼得)에 탐랑파(貪狼破)가 되면 관(棺) 속에 붉은 꽃이 가득하고 자손은 당대에 발복하여 대대로 영화를 누리며, 파군파(破軍破)는 선부후빈(先富後貧)하여 처음은 부(富)해도 뒤에는 가난하고 집안에 송사(訟事 : 재판하는 일)가 끊이지 않는다고 한다.

녹존파(祿存破)는 자손이 비록 부귀(富貴)하더라도 오래가지를 못하고 점점 쇠퇴하여 종내에는 빈궁하고 후사마저 위태롭다 하며, 거문파(巨文破)는 비록 미천한 사람이라도 점차 발전하여 부귀를 얻고 벼슬도 일품재상(一品宰相)에까지 오른다고 한다.

문곡파(文曲破)는 부귀와 영화를 겸전하고 일품관직이 연이어 배출된다고 하며, 염정파(廉貞破)는 선길후흉(先吉後凶)하여 많던 재산도 흩어지고 부부는 불목(不睦)하여 이혼하는 일이 생기고, 무곡파(武曲破)는 재물도 풍부하고 무관이 많이 배출되어 일품장상(一品將相)에 오르며, 복음파(伏吟破)는 초년에 재산을 모아도 뒤에는 당진하고 자주 화액(火厄)을 당하는 일이 생긴다고 한다.

○ 문곡득(文曲得)(목욕 : 沐浴)

문곡(文曲)은 학문과 벼슬을 상징하는 별이기는 하나 잘못되면 여자들이 음란하고 또 재난(財難)을 겪게 된다고 한다.

문득(文得)에 파군(破軍)이 되면 문사(文士)는 많이 나도 재물이 궁핍하거나 삼대가 지나면 크게 발복하여 대부(大富) 대귀(大貴)하다고 한다.

문득(文得)에 문파(文破)는 문장재사(文章才士)가 많이 나도 재덕(才德)을 겸비(兼備)하지 못하여 높은 벼슬에 오르지 못하고, 녹존파(祿存破)는 녹존이 비록 흥성이지만 문곡으로는 서로 배합이 되어 길이 백세에 부귀와 영화를 누릴 것이라 한다.

탐랑파(貪狼破)는 집안에 장원급제가 대대로 끊이지 아니하고 자손도 흥왕하여 부귀가 영화롭고, 거문파(巨文破)도 자손이 흥왕하여 문사(文士)와 장상(將相)이 끊이지 않고 영귀(榮貴)하다.

염정파(廉貞破)는 극히 흉하여 목화 수염(木火水炎)이 들고 병패(病敗)가 나며 재산은 있다가 없어지고 나중에는 후사까지 끊어진다고 한다.

무곡파(武曲破)는 문무(文武)를 겸전(兼全)하여 벼슬이 끊이지 않고, 복음파(伏吟破)는 화염(火炎)이 생기고 초년에는 의식주에 별 어려움이 없어도 8년 이내에 화액(火厄)을 당하여 낭패를 겪는 일이 생긴다고 한다.

○ 염정득(廉貞得)(병, 사 : 病, 死)

염정(廉貞)은 흉살(凶殺), 도적의 별이라 하여 남자에게는 도적의 이름이 붙고 여자에게는 음행(淫行)이 있다 한다.

염정득(廉貞得)에 파군파(破軍破)가 되면 비록 어진 사람이라도 도적이란 이름이 붙고 재물이 있어도 삼대(三代)를 넘기지 못하며, 녹존파(祿存破)는 눈 어두운 사람이 나고 자손들이 음탕하면서 도적이란 소리를 듣고 후사가 끊어진다고 한다.

거문파(巨文破)는 극히 흉하여 모든 자손에게 대환(大患)이 생긴다고 하며, 문곡파(文曲破)는 글로써 화를 당하여 형(刑)을 받고 마침내 후사까지 없어지고, 염정파(廉貞破)는 시체가 뒤집어지는 일이 생기고 자손은 형액(刑厄)과 수액(水厄)을 당하여 무후하다고 한다.

무곡파(武曲破)는 남의 재산을 겁탈하는 큰 도적이 되기도 하고 도장과 문서를 위조하고 대역(大逆)이 되어 중형(重刑)을 받기도 하며 또 간음의 변고도 있다 한다.

복음파(伏吟破)는 목염(木炎)과 화염(火炎)이 생기고 또 화액(火厄)으로 기인하여 집안이 패망한다고 하며, 탐랑파(貪狼破)는 목염(木炎)과 충염(虫炎)이 생기고 재산을 탕진하며 한 여자가 세 남자를 거느리는 변이 생겨도 마침내 후사는 끊어진다고 한다.

○ 무곡득(武曲得)(관대 : 冠帶, 임관 : 臨官)

무곡(武曲)은 병권(兵權)을 상징하는 무귀(武貴)의 별이라 요사스러운 기운은 물러가고 자손은 부귀를 겸전(兼全)한다고 하나 흉성(凶星)을 만나면 흉살(凶殺)의 별이 되어 그 화가 지대하다고 한다.

무득(武得)에 파군(破軍)이 되면 자손이 많아도 3년 이내에 걸식(乞食)을 하며 종내에는 패가 무후하게 된다고 하며, 녹존파(祿存破)는 목염(木炎)과 충염(虫炎)이 생기고 집안이 가난하며 무사(武士)가 많아도 성공하기가 어렵고 상처(喪妻) 또는 상부(喪夫)를 하여 종내에는 후사마저 끊어진다고 한다.

탐랑파(貪狼破)는 재산이 태산같고 자손이 흥왕하여 일품(一品) 장상(將相)이 배출된다고 하며, 거문파(巨文破)는 자손이 흥성하고 일품장상(一品將相)이 속출하여 영화가 대대로 이어지고, 문곡파(文曲破)는 문무를 겸전하고 부귀를 겸비하여 벼슬이 높이 오르고 대대로 기리 영화롭다 한다.

염정파(廉貞破)는 선부후빈(先富後貧)격이라 먼저는 부해도 뒤는 가난하며 무사(武士)는 많아도 크게 성공하는 이 없고 마침내 멸망하는 것으로 보며, 무곡파(武曲破)는 많은 무관이 배출되어 장상(將相)의 높은 벼슬이 바뀌지 아니하고, 복음파(伏吟破)는 화염(火炎)이 들어서 무재(武才)는 있어도 이를 펴지 못하고 도리어 재(災)가 되어 마침내 패가 무후하게 된다고 한다.

○ 복음득(伏吟得)

복음(伏吟)은 좌우에서 보필(補弼)하는 별이라 같은 기운이 서로 도우면 좋으나 서로 파(破)하면 흉하다. 서로 도우면 집안이 화목하지만 서로 파(破)하면 그 화가 막심하다고 한다.

복음득(伏吟得)에 파군파(破軍破)가 되면 충수화염(虫水火炎)

이 생기고 자손은 음행(淫行)과 걸식(乞食)으로 사방을 돌아다니
다가 죽어서도 고향에 돌아오지 못하고, 녹존파(祿存破)는 화염
(火炎)과 충염(虫炎)이 들고 난치(難治)의 병으로 쇠퇴하다가 종
내는 후사마저 끊어진다고 한다.

탐랑파(貪狼破)는 가업을 이어받아 부귀가 겸전하고 자손이 흥
왕하며, 거문파(巨文破)는 백자천손(百子千孫)이 흥성하여 대대로
높은 벼슬에 오르고, 문곡파(文曲破)는 자손이 번성하여 부귀를
겸전하고 학문이 빛나며 국가고시에 합격하여 대대로 벼슬이 이어
진다고 한다.

무곡파(武曲破)는 무관이 많이 배출되어 부귀와 영화를 겸비하
고 벼슬은 일품장상(一品將相)에 오른다고 한다. 염정파(廉貞破)
는 목염(木炎)과 화염(火炎)이 들어서 여자는 음탕하고 남자는
도적이 되어 고향을 떠나 걸식을 하다가 마침내 후사마저 끊어진
다 하고, 복음파(伏吟破)는 화염(火炎)과 충수염(虫水炎)이 생기
고 비록 득파(得破)가 상합(相合)이 되어도 흉국(凶局)으로 치며
자손은 고향을 떠나 빈곤하게 살다가 삼대에 이르면 후사마저 끊
어진다고 한다.

(2) 장생포태법(長生胞胎法)

12운성(運星) 포태법(胞胎法)으로 다음과 같이 득파(得破)의
길흉을 가리기도 한다. 단, 물이 흐르지 않는 건천(乾川)이라 해
도 비가 와 물이 흐르게 되면 물이 흐르고 있는 하천과 동일하게
본다. 간혹 구묘(舊墓)의 득파(得破)가 흉방에 닿게 되면 그 흉수
(凶水)가 보이지 않게 흙이나 돌로 담을 쌓기도 하고 혹은 상록
수(常綠水)같은 것을 심어서 보이지 않게 가리는 것도 피흉(避
凶)의 한 방법이 된다고도 한다.

○ 사대국(四大局) 12운성표(運星表)

12운성(運星) 〈파득(破得)(破口)〉 혈좌국(穴坐局)	묘(墓)	사(死)	병(病)	쇠(衰)	왕(旺)	관(官)	대(帶)	욕(浴)	생(生)	양(養)	태(胎)	절(絶)
손(巽)경(庚)계(癸) 사(巳)유(酉)축(丑) 금국(金局)	축(丑)	자(子)	해(亥)	술(戌)	유(酉)	신(申)	미(未)	오(午)	사(巳)	진(辰)	묘(卯)	인(寅)
건(乾)갑(甲)정(丁) 해(亥)묘(卯)미(未) 목국(木局)	미(未)	오(午)	사(巳)	진(辰)	묘(卯)	인(寅)	축(丑)	자(子)	해(亥)	술(戌)	유(酉)	신(申)
곤(坤)임(壬)을(乙) 신(申)자(子)진(辰) 수국(水局)	진(辰)	묘(卯)	인(寅)	축(丑)	자(子)	해(亥)	술(戌)	유(酉)	신(申)	미(未)	오(午)	사(巳)
간(艮)병(丙)신(辛) 인(寅)오(午)술(戌) 화국(火局)	술(戌)	유(酉)	신(申)	미(未)	오(午)	사(巳)	진(辰)	묘(卯)	인(寅)	축(丑)	자(子)	해(亥)

㈎ 12운성(運星)과 득파(得破)의 길흉(吉凶)

○ 절태방(絶胎方)

12운성의 절(絶), 태(胎) 방위는 구성(九星)의 녹존성(祿存星)에 해당된다. 절방(絶方)이나 태방(胎方)에서 흘러오는 물이 보이면 자녀는 출산(出産)하기가 어렵고 다행히 출산을 한다·해도 기르기가 어려워 종내에는 후사마저 없어진다고 한다. 또 이곳 방위에 강물이나 호수같은 큰 물이 보이면 남녀가 음란하여 패가 망신하는 일이 생긴다고 한다.

그리고 절태방(絶胎方)으로 흘러가는 물이 보여도 재물이 흩어지고 흉사가 겹친다고 하니 입향(立向)을 할 때는 반드시 물의 흐름과 방위를 잘 살펴서 신중하게 좌향(坐向)을 정해야 한다.

○ 생양방(生養方)

생(生), 양(養) 방위는 곧 구성(九星)의 탐랑성(貪狼星)에 해당된다. 본시 생양방(生養方)의 물은 길수(吉水)가 되어 오는 물(來水)은 좋아도 생양방(生養方)으로 흘러가는 물(去水)은 꺼린다. 생양방에서 개울물이나 강물이 흘러오면 탐랑성이 비친다 하여 문장이 빛나고 성품이 어질며 자녀손이 모두 부귀 발복한다고 한다.

이와 달리 생양방으로 파구(破口)가 되어 흘러가는 물이 보이면 청춘에 과부가 생긴다고 하니 파구가 되는 것은 좋치 못하다.

○ 목욕방(沐浴方)

목욕방(沐浴方)은 구성(九星)의 문곡성(文曲星)에 해당된다. 이곳 방위에서 흘러오는 물은 안정수(安靜水)라 하여 재산은 넉넉해도 여자들이 음란하여 외관 남자를 좋아하고 가출을 하여 가정을 망치기도 하며 또 괴질(怪疾) 등 재앙이 따른다고 하면서 크게 꺼린다.

○ 관대방(冠帶方)

관대방(冠帶方)도 역시 문곡성(文曲星)에 해당된다. 관대방에서 득수(得水)가 되면 자녀들이 총명하여 학문으로 크게 출세한다고 본다. 그러나 이와 달리 관대방으로 파구(破口)가 되면 자녀들이 급변을 당하고 재액이 발생하여 대흉(大凶)한 흉국(凶局)이 된다 고 한다.

○ 임관방(臨官方)

임관방(臨官方)은 곧 무곡성(武曲星)에 해당된다. 임관방위의 득수(得水)는 길수(吉水)가 되어 공직에 높이 출세하고 집안에 관록으로 경사가 이어진다고 한다. 이와 달리 임관위로 파구(破口)가 되는 것은 가장 꺼린다. 만일 임관위에 파구가 되면 다 큰 자식이 상하고 손재(損財)도 막대하며 종국에는 패망에까지 이른 다고 한다.

○ 제왕방(帝旺方)

제왕위(帝旺位)는 구성(九星)의 거문성(巨文星)에 해당된다. 이 곳 왕방(旺方)에서 흘러오는 물이 보이면 자손들이 총명하여 국가고시(國家考試)에 합격하고 공직에 높이 출세하여 부귀를 겸전 한다고 한다.

이와 달리 왕방(旺方)으로 물이 휩쓸고 가는 것처럼 보이면 크 게 흉하다. 이렇게 되면 아무리 큰 부자(富者)라도 오래 가지 못 하고 곧 빈한하게 된다고 한다.

○ 쇠방(衰方)

쇠방(衰方)도 역시 건문성(巨文星)에 해당된다. 쇠방에서 유

정하게 흘러오는 물은 자손이 총명하고 관직으로 크게 출세할 수
있으나 비스듬히 흐르는 사수(斜水)가 되면 사치를 좋아하고 음
란하다. 그리고 다른 방위의 물이 쇠방으로 휩쓸고 흘러가도 부귀
하고 공명도 함께 현달하는 길국(吉局)이 된다고 한다.

○ 병사방(病死方)

병방(病方)과 사방(死方)은 곧 염정성(廉貞星)에 해당된다. 병
사성(病死星)은 본시 흉성(凶星)이라 흉위(凶位)에서 득수(得水)
가 되면 재액(災厄)이 몰아쳐 처자(妻子)의 횡액(橫厄)이 생기고
하체(下體)의 불구(不具) 등 흉사가 겹치고 종국에 가서는 패절
(敗絶)에까지 이른다고 한다.

또한 병사방(病死方)으로 파구(破口)가 되어도 수명이 짧고 재
패(財敗), 인패(人敗) 등이 따르며 종국에 가서는 후사마저 없어
진다고 한다.

○ 묘방(墓方)

묘위(墓位)는 곧 파군성(破軍星)에 해당된다. 묘방(墓方)에서
흘러오는 물은 자손들의 출세가 정지되고 관직에 있으면 면직을
당하여 실업으로 궁핍하게 된다고 한다. 이와 달리 묘방(墓方)으
로 흘러가는 물은 부귀 겸전하고 무관(武官)으로 출세하는 길국
(吉局)이 된다. 또한 여기에 연못이나 호수가 곁들여·비치게 되면
더욱 부귀 융성하다고 하니 파구(破口)는 묘방(墓方)과 쇠방(衰
方)이 좋고, 득수(得水)는 생양(生養)방과 관왕수(官旺水)가 길국
(吉局)이 된다.

3. 을신정계(乙辛丁癸) 사국론(四局論)

풍수지리에서 물[水]은 산지혈맥(山地血脈)의 정기(精氣)라 한
다. 그리고 용수(龍水)는 상호 불가불리(不可不離)의 연관성을 지
니고 있기 때문에 모름지기 용수(龍水)는 그 이기(理氣)가 배합
(配合)이 되어야지 배합(配合)이 되지 못하면 발복은 고사하고
자칫하면 집안이 패절(敗絶)에까지 이른다고 하니 신중을 기하지
아니할 수 없다.

옛 산서(山書)에 "인간의 길흉화복은 물[水]의 취용(取用)에
있다"라 하여 많은 명사들이 수법(水法)을 근심하고 여러 가지
법을 세웠으나 일정한 법이 없어 사람을 그르치는 일이 적지 않았
다고 한다. 이 어지러울 때 대당국사(大唐國師) 양균송(楊筠松)이
「청낭경」(靑囊經)을 얻어서 수법(水法)을 말한 것이 자세하지만
그 글이 너무나 심오(深奧)하고 해득하기가 어려워 뒤에 원(元)
나라 태사(太師) 조국공(趙國公)이 「평사옥척」(平沙玉尺)이란 책
을 저술하여 그 심오한 글을 설명하고 체계화한 것이 가난을 구제
한다는 구빈수법(救貧水法)이라 한다. 이 구빈수법(救貧水法)이
지극이 신묘하여 이 법보다 나은 수법(水法)이 없다면서 후세 명
사들은 높이 기리고 있다.

(1) 화국을룡(火局乙龍)

용신(龍身)이 형상적(形象的)으로 생왕(生旺)하고 입수용맥(入
首龍脈)이 결혈(結穴)된 곳에서 먼저 패철(佩鐵)을 고정시키고
외반봉침(外盤縫針)으로 용신(龍身)에 가까운 물[水]들이 어떻게
사귀고 모여서 어느 방위로 흘러가는가를 살핀다.

가령 수구(水口)가 신술(辛戌), 건해(乾亥), 임자(壬子)의 여섯
글자 방위 안에 닿게 되면 이는 모두 「을병교이추술(乙丙交而趨
戌)」이라 하여 화국을룡(火局乙龍)이라 한다.

화국을룡(火局乙龍)의 용수배합도(龍水配合圖)

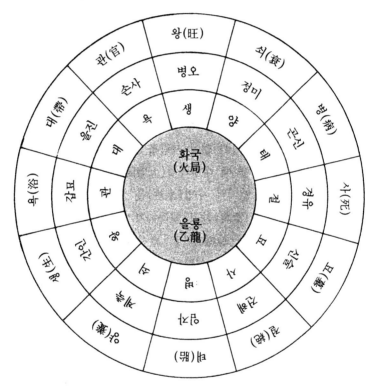

다음 나경(羅經) 내반정침(內盤正針)으로 내룡(來龍)과 입수
(入首)의 생왕사절(生旺死絶)을 ·측정하는데 을목(乙木) 음룡(陰
龍)은 도표에서 보는 바와 같이 병오(丙午)에서 장생(長生)하여
시계 반대 방향으로 돌려 짚으면 을진방(乙辰方)이 관대(冠帶)이
고, 간인방(艮寅方)이 왕위(旺位)이며, 신술방(辛戌方)이 묘위(墓

位)가 된다. 이는 곧 용의 입수(入首)가 병오(丙午) 장생방(長生
方)이면 생룡 입수(生龍入首)가 되고, 을진(乙辰)이면 관대방(冠
帶方)이라 관대룡(冠帶龍)이 되고, 갑묘(甲卯)이면 임관룡(臨官
龍), 간인(艮寅)이면 왕룡(旺龍)에 각각 해당된다. 쌍산오행(雙山
五行)으로 이상 8개 방위의 용맥은 모두 이기(理氣)로 따져 생왕
(生旺)을 얻었다고 본다. 여기에다 용의 형상이 생왕(生旺)을 이
루고 청진한 기(氣)가 묶이게 되면 형상(形象)과 이기(理氣)가
배합(配合)이 되어 반드시 크게 발복을 하는 것으로 보고 있다.

　이와 달리 임자(壬子)방에서 입수(入首)가 되면 임자(壬子)는
을룡(乙龍)의 병위(病位)라 병룡(病龍)이 되고, 건해방(乾亥方)
에서 입수면 사룡(死龍)이며, 경유방(庚酉方)에서 입수면 절룡(絶
龍)이 된다. 이상과 같이 병룡(病龍)·사룡(死龍)·절룡(絶龍)이
되면 비록 형체상으로 용신(龍身)이 강왕하다 해도 이는 이기상
(理氣上)으로 생왕(生旺)을 얻지 못하고 사절(死絶)을 범하여 길
국에 못되 발복이 없다고 한다.

　다음은 수구(水口)와 배합(配合)해서 입향(立向)을 하는 방법
인데「을병교이추술」(乙丙交而趨戌)의 수구(水口)는 을(乙)과 병
(丙)의 사귄 기운(交氣)이 술방(戌方)으로 나아가야 된다는 뜻이
다. 여기 화국을룡(火局乙龍)에서 을(乙)은 음(陰)이고 부(婦)가
되면서 용(龍)이 되고, 병(丙)은 양(陽)이고 부(夫)가 되면서 물
[水]이 되어 일국(一局)을 이루게 된다.

　물을 보는 법도 용을 보는 법과 같이 포태법(胞胎法)을 적용하
여 병(丙)화국(火局)에는 장생(長生)을 간인(艮寅)에 붙여 시계
방향으로 순행을 하면 갑묘(甲卯)가 욕(浴), 을진(乙辰)이 대
(帶), 손사(巽巳)가 관(官), 병오(丙午)가 왕(旺)이 된다. 그리하
여 용은 병오(丙午)가 생룡(生龍)이고, 물은 병오(丙午)가 왕수

(旺水)가 된다. 용을 보는 법은 절(絶)에서 시계 반대 방향으로 역행을 하고 물을 보는 데는 절(絶)에서 시계 방향으로 순행한다.

이는 곧 용의 생(生)이 물의 왕(旺)이 되고 물의 생(生)이 용의 왕(旺)이 되고 있다. 입향(立向)을 할 때 병오(丙午)의 생룡입수(生龍入首)에는 생향(生向) 간인(艮寅)으로 입향(立向)을 하고, 간인(艮寅) 왕룡입수(旺龍入首)에는 병오(丙午)의 왕향(旺向)으로 입향(立向)을 하는 게 좋다. 용과 물을 보고 향을 정하는데 용과 물이 배합되는 것은 곧 부부가 배합되는 이치와 같다고 한다.

이것을 「원관통규」(元關通竅)라 하는데 여기서 원(元)은 향(向)을 말하고, 관(關)은 용(龍)을 뜻하며, 규(竅)는 수구(水口)를 의미한다. 이렇게 원관(元關)이 통규(通竅)되면 용도 생왕을 얻고 물도 생왕을 얻어서 만국(滿局)이 생왕하고 이렇게 만국이 생왕되면 크게 발복하여 부귀가 면면히 길이 이어진다고 한다. 이하 삼국(三局)에서도 모두 같은 이치로 추정(推定)하면 된다.

⑵ 수국신룡(水局辛龍)

수국신룡(水局辛龍)은 결혈(結穴)이 된 곳에서 패철을 고정시키고 외반봉침(外盤縫針)으로 수구(水口)를 측정하여 수구(水口) 즉 흘러가는 물이 을진(乙辰), 손사(巽巳), 병오(丙午)의 여섯 글자 방위에 닿게 되면 이는 모두 「신임회이취진」(辛壬會而聚辰)이라 하여 수국(水局) 신룡(辛龍)에 해당된다.

다음 패철 내반정침(內盤正針)으로 내룡(來龍)과 입수(入首)의 생왕사절(生旺死絶)을 격정(格定)하는데 신금음룡(辛金陰龍)은 도표에서 보는 바와 같이 임자(壬子)에서 장생(長生)하고 시계 반대 방향으로 역행하여 곤신(坤申)이 왕위(旺位)이고 을진(乙辰)이 묘위(墓位)가 된다.

수국신룡(水局辛龍)의 용수배합도(龍水配合圖)

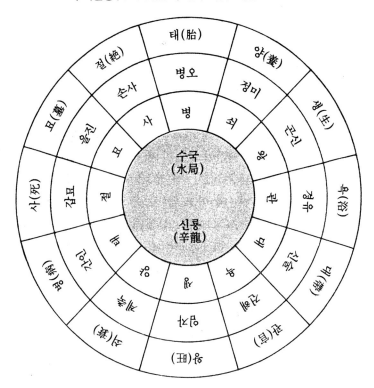

이는 곧 용의 입수가 임자(壬子) 장생위(長生位)가 되면 생룡(生龍)이 되고 곤신(坤申)이면 왕룡(旺龍)이며 경유(庚酉)면 임관룡(臨官龍)이고 신술(辛戌)은 관대룡(冠帶龍)이라 이상 8개 방위의 입수용맥(入首龍脈)은 모두 이기상(理氣上)으로 생왕(生旺)을 얻은 것이 된다. 여기에다 용의 형상이 생왕(生旺)을 이루고 청진하게 기(氣)가 묶이게 되면 형상(形象)과 이기(理氣)가 배합(配合)이 되어 반드시 크게 발복한다고 본다.

이와 달리 병오(丙午)방에서 입수가 되면 병오(丙午)는 신룡

(辛龍)의 병위(病位)라 병룡(病龍)이 되고, 손사(巽巳)에서 입수
면 사룡(死龍), 갑묘(甲卯)에서 입수면 절룡(絶龍)이 된다. 이상
과 같이 병(病), 사(死), 절(絶)룡이 되면 비록 형체상으로 용신
(龍身)이 강왕하다 해도 이는 이기상(理氣上)으로 생왕을 얻지
못하고 사절(死絶)을 범하여 발복이 없다고 보고 있다.

　다음은 용수(龍水)를 배합해서 입향(立向)하는 방법인데 「신임
회이취진」(辛壬會而聚辰)의 수구(水口)는 우수(右水)가 좌측 을
진방(乙辰方)으로 돌아 나가야 음양이 배합된다.

　여기 신룡수국(辛龍水局)에서 신(辛)은 음(陰)이고 임(壬)은
양(陽)이며, 신(辛)은 부(婦)이고 임(壬)은 부(夫)이며, 신(辛)은
용(龍)이고 임(壬)은 수(水)인데, 신룡(辛龍)의 생(生)이 임수
(壬水)의 왕(旺)이고 임수(壬水)의 생(生)이 신룡(辛龍)의 왕
旺)이 되면서 일국(一局)을 이루게 된다.

　이래서 임자(壬子) 생룡입수(生龍入首)에는 곤신(坤申) 생향(生
向)으로 하고, 곤신(坤申) 왕룡입수(旺龍入首)에는 임자(壬子) 왕
향(旺向)으로 각각 입향(立向)을 하면 좋다. 용과 물을 보고 입향
을 하는데 향(向)과 용(龍)이 상통하고 물[水]이 을진(乙辰) 묘고
(墓庫)방위로 흐르게 되면 정생향(正生向)이라 음양이 배합되고
용수(龍水)가 생왕하여 크게 부귀 발복하는 것으로 보고 있다.

(3) 금국정룡(金局丁龍)

　금국정룡(金局丁龍)은 입수용맥(入首龍脈)이 결혈(結穴)된 곳
에서 패철 외반봉침(外盤縫針)으로 수구(水口)의 방위를 측정하
여 수구(水口) 즉 흘러가는 물이 계축(癸丑), 간인(艮寅), 갑묘
(甲卯)의 방위에 닿게 되면 「두우납정경지기」(斗牛納丁庚之氣)라
하여 금국(金局) 정룡(丁龍)에 해당된다.

금국정룡(金局丁龍)의 용수배합도(龍水配合圖)

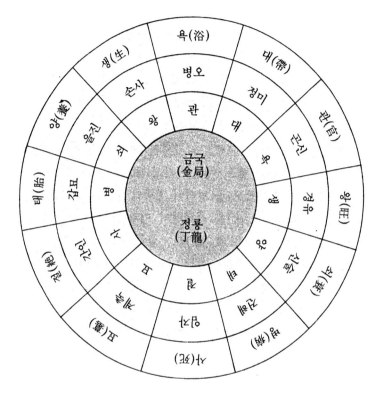

다음 패철 내반정침(內盤正針)으로 내룡(來龍)과 입수(入首)의 생왕사절(生旺死絕)을 격정(格定)하는데 정화음룡(丁火陰龍)은 도표에서 보는 바와 같이 경유(庚酉)에서 장생(長生)하여 역행을 하니 손사(巽巳)가 왕위(旺位)이고 계축(癸丑)이 묘위(墓位)가 된다.

이는 곧 용의 입수가 경유(庚酉) 장생위(長生位)가 되면 생룡(生龍)이고, 손사(巽巳)면 왕룡(旺龍)이며, 병오(丙午)는 임관룡(臨官龍)이고, 정미(丁未)는 관대룡(冠帶龍)이 된다.

이래서 이상 8개 방위의 입수 용맥은 모두 이기상(理氣上)으로 생왕(生旺)을 얻은 것이 되고 여기에다 용의 형상이 생왕을 이루고 청진한 기운이 묶이게 되면 형상(形象)과 이기(理氣)가 서로 배합(配合)이 되어 반드시 크게 발복하는 것으로 본다.

만일 이와 달리 갑묘(甲卯)에서 입수가 되면 갑묘(甲卯)는 정룡(丁龍)의 병위(病位)라 병룡(病龍)이 되고, 간인(艮寅)이면 사룡(死龍), 임자(壬子)이면 절룡(絶龍)이 된다.

이상과 같이 병(病), 사(死), 절(絶)의 용이 되면 비록 형체상으로 용신이 강왕하다 해도 이는 이기상(理氣上)으로 생왕(生旺)을 얻지 못하고 사절(死絶)을 범하여 발복이 없다고 본다.

다음은 용(龍)과 물[水]을 배합해서 입향(立向)하는 방법인데 「두우납정경지기」(斗牛納丁庚之氣)의   금국(金局)은   경유(庚酉) 생룡입수(生龍入首)에는 손사(巽巳) 생향(生向)이 좋고, 손사(巽巳) 왕룡입수(旺龍入首)에는 경유왕향(庚酉旺向)이 합법이다.

이것은 용과 물의 배합으로 즉 원(元), 관(關), 규(竅)가 상통하는 합국(合局)이 되어 음양이 배합되고 만국이 생왕하여 크게 부귀 발복하는 것으로 보고 있다.

(4) 목국계룡(木局癸龍)

목국계룡(木局癸龍)은 입수용맥(入首龍脈)이 결혈(結穴)된 지점에서 패철 외반봉침(外盤縫針)으로 수구(水口)의 방위를 측정하여 수구(水口)가 정미(丁未), 곤신(坤申), 경유(庚酉)의 세 방위에 닿게 되면 「금양수계갑지령」(金羊水癸甲之靈)이라 하여 목국계룡(木局癸龍)에 해당된다.

다음 나경(羅經) 내반정침(內盤正針)으로 내룡(來龍)과 입수(入首)의 생왕사절(生旺死絶)을 격정(格定)하는데 계수음룡(癸水

목국계룡(木局癸龍)의 용수배합도(龍水配合圖)

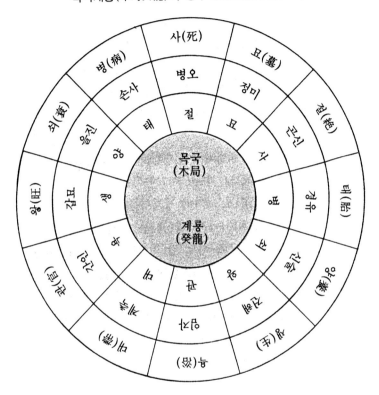

陰龍)은 도표에서 보는 바와 같이 갑묘(甲卯)에서 장생(長生)하
고 역행하여 건해(乾亥)가 왕위(旺位)이고 정미(丁未)에 묘위(墓
位)가 닿는다.

　이는 곧 용의 입수가 갑묘(甲卯) 장생위(長生位)가 되면 생룡
(生龍)이고, 건해(乾亥)이면 왕룡(旺龍)이며, 임자(壬子)는 관룡
(官龍)이고, 계축(癸丑)은 대룡(帶龍)이 된다. 이래서 이상 8개
방위에 닿는 입수 용맥에는 모두 이기상(理氣上)으로 생왕(生旺)
을 얻은 것이 되고 여기에다 용의 형상이 생왕(生旺)을 이루면서

이기(理氣)가 배합이 되면 반드시 크게 발복한다고 보고 있다. 이와 달리 경유(庚酉)에서 입수면 병룡(病龍)이고, 곤신(坤申) 입수면 사룡(死龍)이며, 병오(丙午) 입수면 절룡(絶龍)이 된다. 쌍산오행(雙山五行)으로 이 여섯 방위의 병(病)·사(死)·절(絶)룡이되면 비록 형체상으로 용신이 강왕하다 해도 이는 이기상(理氣上)으로 생왕(生旺)을 얻지 못하고 사절(死絶)을 범하여 발복을기대할 수 없다고 본다.

다음은 용수(龍水)를 배합해서 입향(立向)을 하는데「금양수계갑지령」(金羊收癸甲之靈)의 수구(水口)는 우수(右水)가 좌측 정미(丁未) 정묘고(正墓庫)로 나가야 정생향(正生向)이 된다.

여기 계룡목국(癸龍木局)에서 계(癸)는 음(陰)이고 갑(甲)은양(陽)이며, 계(癸)는 용(龍)이고 갑(甲)은 수(水)인데, 계룡(癸龍)의 생(生)이 갑목(甲木)의 왕(旺)이고, 갑목(甲木)의 생(生)이 계룡(癸龍)의 왕(旺)이 되면서 일국(一局)을 이루게 된다.

이래서 갑묘(甲卯) 생룡입수(生龍入首)에는 건해(乾亥)의 생향(生向)으로 하고, 건해(乾亥) 왕룡입수(旺龍入首)에는 갑묘(甲卯)왕향(旺向)으로 입향(立向)을 하는 게 좋다 그래야 용수(龍水)가배합을 이루고 향(向)과 용(龍)과 수구(水口)가 다같이 통규(通竅)되어 음양이 배합(配合)하고 용수(龍水)가 생왕(生旺)하여 크게 부귀 발복한다고 한다.

4. 득파(得破)에 의한 향법(向法)

대개 용(龍)을 따라 결혈(結穴)이 된 곳에 이르면 내룡(來龍)의 진부(眞否)를 관찰하고 패철(佩鐵) 외반봉침(外盤縫針)으로득수(得水)와 파구지점(破口地點)을 살핀다. 이 때 가장 가까운 내파구(內破口)가 어느 방위인가를 자상하게 관찰하여 물(水神)의 오고 감이(來去) 사생(四生), 삼합(三合), 쌍산(雙山) 등의 5행에 상합(相合)이 되는가를 관찰하여 입향(立向)을 하는데, 이때 우수(右水)가 좌측으로 흘러 을신정계(乙辛丁癸) 상으로 나가면 정생향(正生向)을 하고, 이와 반대로 좌수(左水)가 우측으로 흘러 을신정계(乙辛丁癸) 상으로 나가면 다음과 같이 각각 정왕향(正旺向)을 한다.

파구(破口)	을진(乙辰)	신술(辛戌)	정미(丁未)	계축(癸丑)
정생향 (正生向)	곤신(坤申)	간인(艮寅)	건해(乾亥)	손사(巽巳)
정왕향 (正旺向)	임자(壬子)	병오(丙午)	갑묘(甲卯)	경유(庚酉)

그러나 만일 당국의 형세가 부적합하거나 용상팔살(龍上八殺) 등을 범하여 정생향(正生向)으로 입향(立向)이 불가능할 경우에는 자생향(自生向)으로 하고, 또 정왕향(正旺向)이 불가능할 경우에는 자왕향(自旺向)으로 하여 사절(死絶)을 생왕(生旺)으로 변화시키는 차고소수법(借庫消水法)을 쓰고 있다. 「차고소수법」은 사국(四局)에서 물이 비록 을신정계(乙辛丁癸) 정묘고(正墓庫) 방위로 흘러가도 당국의 수구(水口)와 혈좌(穴坐)가 배합(配合)을 이루지 못하게 되면 정고(正庫)를 빌려서(借庫) 쓴다(消水) 해서 「차고소수」라 하는데, 이 때 인신사해(寅申巳亥) 사생향(四生向)으로 입향(立向)을 하게 되면 자생향(自生向) 즉 절처봉생향(絶處逢生向)이 되고, 자오묘유(子午卯酉) 사왕향(四旺向)으로 입향을 하게 되면 자왕향(自旺向) 즉 절처봉왕향(絶處逢旺向)이 된다. 여기서 유의할 것은 인신사해(寅申巳亥) 자생향(自生向)에서는 입향(立向)한 향상(向上)에서 장생(長生)을 일으키고, 자오

묘유(子午卯酉) 자왕향(自旺向)에서는 입향한 향상(向上)에서 제
왕(帝旺)을 일으키게 된다.

　본시 사생(四生), 사왕(四旺), 사묘(四墓)가 사장생오행(四長生
五行)에 확정되어 불변하는 사국(四局)을 이루고 있으나 향상(向
上)에 장생(長生)이나 제왕(帝旺)을 일으켜서 쇠방(衰方)이나 목
욕방(沐浴方) 또는 태방(胎方), 절방(絶方) 등으로 차고소수(借庫
消水)하여 자생향(自生向) 자왕향(自旺向)이 되게 한다.

　가령 손사(巽巳)는 수국(水局)의 절사방(絶死方)이나 손사(巽
巳)로 입향(立向)을 하게 되면 건해좌(乾亥坐) 손사향(巽巳向)은
수국(水局)의 자생향(自生向) 즉 절처봉생향(絶處逢生向)이 되면
서 수구(水口)는 양방(養方) 을진(乙辰)이 된다.

　본시 을진(乙辰)은 수국(水局)의 본고(本庫)이나 향상(向上)에
장생(長生)을 일으켜서 을진(乙辰)이 양방(養方)이 되는데 이는
차고소수(借庫消水)하는 「양구빈」(楊救貧)의 진신수법(進神水法)
에서는 양파(養破)로 보지 않고 있다.

　또 갑묘방(甲卯方)은 수국(水局)의 사절방(死絶方)이나 향갑묘
(向甲卯) 좌경유(坐庚酉)를 하면 자왕향(自旺向) 즉 수국(水局)
의 절처봉왕향(絶處逢旺向)이 되면서 수구(水口)는 쇠방(衰方)
을진(乙辰)이 된다. 이 때 을진(乙辰)은 수국(水局)의 본고(本
庫)이나 향상(向上)에 제왕(帝旺)을 일으켜서 을진(乙辰) 쇠방
(衰方)이 되는데 이를 차고소수법(借庫消水法)이라 한다.

차고소수(借庫消水)예시도

수국자왕향(水局自旺向)
경유좌 갑묘향(庚酉坐 甲卯向)

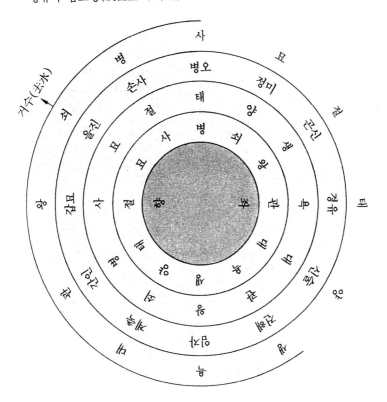

수국자생향(水局自生向)
건해좌 손사향(乾亥坐 巽巳向)

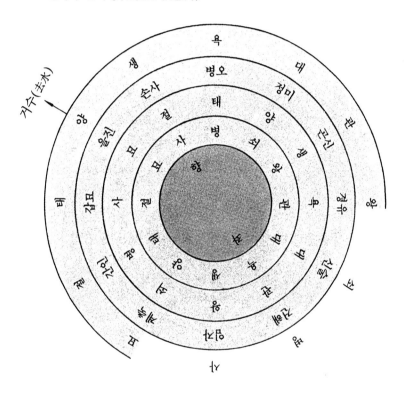

　여타 국에서도 같은 방법으로 차고소수법(借庫消水法)을 적용
하는데 그 입향(立向) 방위는 다음과 같다.

파구(破口)	을진(乙辰)	신술(辛戌)	정미(丁未)	계축(癸丑)
자생향 (自生向)	손사(巽巳)	건해(乾亥)	곤신(坤申)	간인(艮寅)
자왕향 (自旺向)	갑묘(甲卯)	경유(庚酉)	병오(丙午)	임자(壬子)

다음 물이 좌측에서 흘러와 건곤간손(乾坤艮巽)으로 나가면 (左旋水) 묘향(墓向)으로 입향(立向)을 하고, 이와 반대로 우수 (右水)가 좌측으로 흘러 건곤간손(乾坤艮巽) 방위로 나가면(右旋 水) 양향(養向)으로 다음과 같이 각각 입향(立向)을 한다.

파구(破口)	건(乾)	곤(坤)	간(艮)	손(巽)
양향(養向)	계축(癸丑)	신술(辛戌)	을진(乙辰)	정미(丁未)
묘향(墓向)	신술(辛戌)	정미(丁未)	계축(癸丑)	을진(乙辰)

그리고 물이 갑경병임위(甲庚丙壬位)로 나간 것은 형세가 비록 좋다 해도 자칫 한 금이라도 차질이 생기게 되면 흉화가 발생한 다고 하니 신중을 기해야 한다. 이 때 물이 우측에서 흘러와 갑경 병임(甲庚丙壬)으로 나가면 자왕향(自旺向) 즉 욕처봉왕향(浴處 逢旺向)을 하고, 이와 반대로 물이 좌측에서 흘러와 갑경병임(甲 庚丙壬)으로 나가면 자생향(自生向)에 목욕소수법(沐浴消水法)을 적용하여 다음과 같이 각각 입향(立向)을 하기도 한다.

파구(破口)	갑(甲)	경(庚)	병(丙)	임(壬)
좌선수 (左旋水)	간인향 (艮寅向)	곤신향 (坤申向)	손사향 (巽巳向)	건해향 (乾亥向)
우선수 (右旋水)	병오향 (丙午向)	임자향 (壬子向)	경유향 (庚酉向)	갑묘향 (甲卯向)

그리고 또 물이 좌측 을신정계(乙辛丁癸) 방위에서 흘러와 갑 경병임(甲庚丙壬)으로 빠지면 쇠향목욕소수법(衰向沐浴消水法)을 적용하여 다음과 같이 각각 입향(立向)을 하기도 한다.

득수(得水)	신(辛)	을(乙)	계(癸)	정(丁)
파구(破口)	갑(甲)	경(庚)	병(丙)	임(壬)
입향(立向)	신술(辛戌)	을진(乙辰)	계축(癸丑)	정미(丁未)

이상 열거한 외에도 생향(生向)에서 당면으로 흘러가는 법이
있으니 곧 우수(右水)가 간방(艮方)으로 흐르면 간인향(艮寅向)
을 하고, 건방(乾方)으로 빠지면 건해향(乾亥向), 곤방(坤方)으로
흐르면 곤신향(坤申向), 손방(巽方)으로 나가면 손사향(巽巳向)으
로 각각 입향(立向)을 하기도 하고, 또 태향(胎向)에서 태방(胎
方)으로 물이 빠지는 법인데 예를 들면 우수(右水)가 좌로 흘러
갑방(甲方)으로 흐르면 갑묘향(甲卯向)을 하고, 임방(壬方)으로
흐르면 임자향(壬子向), 경방(庚方)으로 흐르면 경유향(庚酉向),
병방(丙方)으로 흐르면 병오향(丙午向)으로 각각 입향(立向)을
하기도 한다.

이상 열거한 향법(向法)은 지극히 바르고 덕스러워 대지는 대
발하고 소지는 소발하는 비결이라, 이 법에 부합이 되고 용(龍)이
진혈(眞穴)이면 능히 발복하지만 그렇지 못하면 사람을 그르치게
함도 적지 않다고 하면서 조금이라도 지지(地支)를 침범함이 없
이 정확을 기해야 한다는 것을 강조하고 있다.

5. 각향(各向) 수구(水口)의 길흉

(1) 임좌병향(壬坐丙向) 자좌오향(子坐午向)

○ 화국(火局)의 제왕향(帝旺向)에서는 우선룡(右旋龍)에 좌선
수(左旋水)가 합법이다. 물이 좌측 간인(艮寅) 생방(生方)으로부
터 흘러와 우측 신술(辛戌) 묘고(墓庫) 방으로 빠져 나가면 정왕
향(正旺向)이 된다. 이렇게 되면 자손이 흥왕하고 대부(大富) 대
귀(大貴)하며 남녀가 모두 어질고 장수를 하면서 그 발복도 길이
오래 간다고 한다.

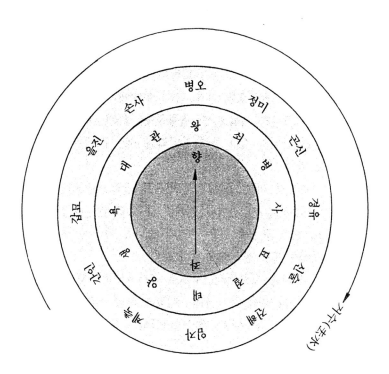

　○ 물이 좌측에서 우측 정미(丁未) 쇠방(衰方)으로 흘러 나가면 향상(向上)에서 재왕(帝旺)을 일으켜 목국(木局)의 자왕향(自旺向)이 되게 한다. 이를 쇠방가거래(衰方可去來)라 하여 길국(吉局)으로 치는데 이렇게 되면 발복 부귀하고 자손도 홍왕하며 만사가 대길하다고 한다.

　○ 우수(右水)가 좌측 목욕방(沐浴方) 갑자(甲字)상으로 흐르면서 묘방(卯方)과 인방(寅方)을 침범하지 않으면 부귀쌍전(富貴雙全)하고 자손도 홍왕하는 길국(吉局)이 된다고는 하나 만일 잘못되어 인(寅) 묘(卯) 두 방위 가운데 한 방위라도 침범하게 되면

사람이 음란하거나 아니면 후사(後嗣)가 끊어진다고 하니 신중하
게 살펴서 입향(立向)을 해야 한다.

○ 물이 우측에서 좌측 손사(巽巳)방으로 흘러 나가면 병사수
(病死水)가 향상(向上)의 임관위(臨官位)를 충파(冲破)하여 크게
꺼리는 대황천살수(大黃泉殺水)가 된다. 이렇게 수구(水口)가 되
면 어린이를 기르기가 어렵고 또 훌륭하게 성장한 다 큰 자손이
상하며, 아울러 난치의 질병 등이 침범하여 패절(敗絶)이 되는 경
우도 있다고 한다.

○ 물이 우측에서 좌측 을진(乙辰)방으로 흘러 나가면 향상(向
上)의 병사수(病死水)가 관대위(冠帶位)를 충파하여 총명한 어린
이가 상하고, 또한 규중에 젊은 부인과 소녀를 해치며 재산도 흩
어지고 종내에는 패가 절손하게 된다고 한다.

○ 우측 물이 좌측 계축(癸丑)방으로 흘러 나가면 향상(向上)의
양위(養位)를 충파(冲破)하게 된다. 이렇게 되면 어린아이를 상하
고 재산도 탕진하며 종내에는 패가(敗家)하고 후사(後嗣)마저 어
렵다고 본다.

○ 물이 임자(壬子) 방으로 흘러가면 태신(胎神)을 충파하게 되
어 낙태(落胎)하는 일이 있고 사람도 상하며, 간혹 초년에 재산이
늘어난다 해도 종국에 가서는 패절(敗絶)이 된다고 한다.

○ 물이 건해(乾亥) 방으로 나가게 되면 이는 신술(辛戌)방 수
구(水口)를 지나는 과궁수(過宮水)가 된다. 이렇게 되면 자손도
있고 장수(長壽)는 해도 재물은 없다고 본다.

○ 물이 경유(庚酉) 방으로 나가면 정고(正庫)에 이르지 못하고
사방(死方)에서 소수(消水)하여 교여불급(交如不及)이라 한다. 초
년에는 약간 유리하지만 뒤에는 수복을 겸비할 수 없으며 대체로
사람이 나면 재산이 궁핍하고 재산이 있으면 사람이 불왕하여 공

명도 불리하다.

○ 물이 곤신(坤申) 방으로 나가면 곤신(坤申)은 병방(病方)이 되어 남자는 수명이 짧고 여자는 과부가 되어 종국에 가서는 패가 절손이 된다고 하는 가장 꺼리는 병(病), 사(死) 방위 중의 한 방위가 된다.

○ 물이 간인(艮寅) 방으로 흘러 나가면 왕거충생(旺去冲生)이 되어 비록 재물은 있어도 어린이를 기르기가 어렵고 남녀가 일찍 사망하며 종국에 가서는 후사마저 끊어진다고 한다.

○ 장대한 우수(右水)가 정면의 오방(午方)을 침범하지 않고 병자(丙字)상으로 은은하게 보일듯 말듯 흘러 가면 태향출살(胎向出殺)이라 하여 크게 발복 부귀하고 자손도 흥왕하다 하나, 간혹 좌수(左水)가 우측으로 흐르면서 병오(丙午) 방으로 나가게 되면 생래파왕(生來破旺)하는 국(局)이 되어 사람은 있어도 재물이 없어 빈궁하고 또한 용혈(龍穴)이 진격(眞格)이 되지 못해도 재산이 패하거나 아니면 후사가 끊어진다고 본다.

(2) 계좌정향(癸坐丁向) 축좌미향(丑坐未向)

○ 목국(木局)의 묘고향(墓庫向)에서는 우선룡(右旋龍)에 좌선수(左旋水)가 합법이다. 우수(右水)가 좌측 정미(丁未) 방으로 흘러 나가면 수국(水局)의 정양향(正養向)이 되어 길국(吉局)으로 친다. 만일 이렇게 되면 자손과 재물이 함께 흥왕하고 공명도 높이 현달하여 대귀하며 남녀가 모두 어질고 총명하면서 그 발복도 길이 오래 간다고 한다.

○ 좌측 갑묘(甲卯) 왕수(旺水)가 우측 절방(絶方) 곤자상(坤字上)으로 흘러 나가면 목국(木局)의 묘향(墓向) 출살(出殺)이라 하여 수복이 쌍전하고 자손과 재물이 함께 흥왕하는 길국(吉局)

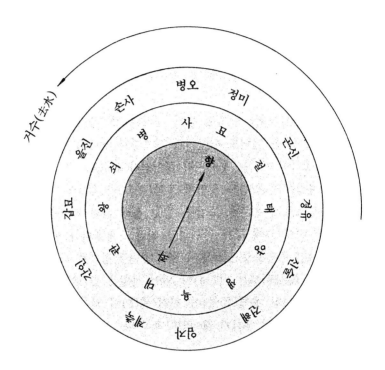

이 된다고 본다.

　○우수(右水)가 좌측 병오(丙午) 방으로 나가면 「충록」(沖祿) 「소황천」(小黃泉)이라 하여 집안이 가난하고 과부가 많이 나며, 그리고 미방(未方)에 보기 흉한 악석(惡石)이 있으면 더욱 흉폭한 자손이 난다고 하니 미방(未方)을 잘 살펴야 하겠다.

　○우수(右水)가 좌측 을진(乙辰) 쇠방(衰方)으로 나가면 퇴신(退神)을 범하여 비록 초년에 사람은 나도 재물이 일지 않는다고는 하나 그리 흉하지는 않는 것으로 보고 있다.

　○우수(右水)가 좌측 갑묘(甲卯) 왕방(旺方)으로 나가면 초년

에는 간혹 사람이 나지만 해가 가고 오래 지나면 재산은 흩어지고 단명으로 후사마저 끊어진다고 한다.

○ 수구(水口)가 간인(艮寅) 임관위(臨官位)로 빠지면 주로 재물이 흩어지고 어린이를 기르기가 어려우며 남녀가 모두 단명하여 후사까지 없어진다고 한다.

○ 물이 계축(癸丑) 방으로 흘러 나가면 퇴신(退神)이 관대(冠帶) 위를 범하여 패절(敗絕)이 된다고 하니 가볍게 입향을 하지 못한다.

○ 좌수(左水)가 우측 건해(乾亥) 생방(生方)으로 흘러가도 사람과 재물이 점점 쇠퇴하여 종국에 가서는 패절(敗絕)이 된다고 하니 입향(立向)이 불가하다.

○ 물이 신술(辛戌) 방으로 흘러가도 입향을 하지 못한다. 이는 양위(養位)를 충파(冲破)하여 사람과 재물이 모두 불왕하고 매사 잘 되는 일이 없다고 본다.

○ 수구(水口)가 경유(庚酉) 방이 되면 간혹 부귀할 수도 있으나 길흉이 상반된다고 한다. 그러나 해가 오래 지나면 사람은 있어도 재물이 없어 빈곤하게 된다고 한다.

○ 우수(右水)가 좌측으로 흘러와 정방(丁方)으로 나가면 반길(半吉) 반흉(半凶)하다고 하나 만일 정면으로 곧게 흘러 나가면 패절(敗絕)이 된다고 하며, 또한 「정(丁), 경(庚), 곤(坤)」이 황천수(黃泉水)에 해당이 되어 가장 입향(立向)하기가 어렵다고 본다.

○ 정방(丁方)의 물이 혈 앞에서 조응(朝應)하고 우측으로 흘러와 혈 뒤 임방(壬方)으로 나가면서 자방(子方)을 침범하지 않으면 길격(吉格)으로 친다. 이렇게 되면 수복이 쌍전하여 부귀하지만 약간의 차이라도 생기게 되면 패절(敗絕)이 된다고 하니 경솔히 입향(立向)을 하지 못한다.

(3) 간좌곤향(艮坐坤向) 인좌신향(寅坐申向)

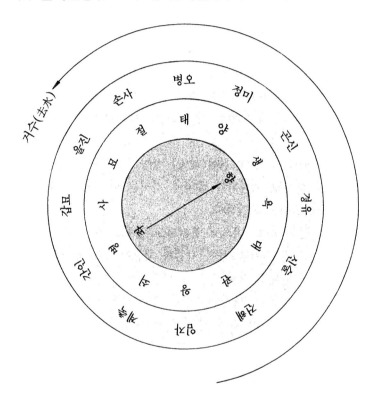

○ 수국(水局)의 장생향(長生向)에서는 좌선룡(左旋龍)에 우선수(右旋水)가 합법이다. 임자(壬子) 왕수(旺水)가 혈을 싸고 명당(明堂)을 지나 묘고(墓庫) 을천간(乙天干)으로 나가면 왕거영생(旺去迎生)하는 수국(水局)의 장생향(長生向)이 되어 길격(吉格)이다. 이렇게 되면 아내가 어질고 자식이 효도하며 부귀 겸전에 오복이 가득하다고 한다.

○ 우수(右水)가 좌측 정미(丁未)방으로 흘러가면 차고소수(借

庫消水)하는 목국(木局)의 자생향(自生向)이 되어 수국(水局)의 양위(養位)가 충파(沖破)되는 것으로 보지 않는다. 이래서 자손이 번성하고 부귀 발복하는데 차자(次子)부터 먼저 발복을 하는 것으로 본다.

○ 좌수(左水)가 우측 경유(庚酉) 목욕방(沐浴方)으로 흘러가면 문고소수법(文庫消水法)이 되어 발복 부귀하고 수복이 겸전하지만 약간의 차이라도 생기게 되면 후사가 끊어진다고 하니 경솔하게 입향(立向)을 해서는 안 된다.

○ 수구(水口)가 병오(丙午)방이 되면 태신(胎神)을 충파(沖破)하게 되어 입향(立向)이 불가하다. 간혹 초년에 발복을 하는 수도 있으나 해가 오래 지나면 집안이 가난하고 후사가 끊어진다고 한다.

○ 물이 손사(巽巳) 방으로 흘러 가면 을진(乙辰) 묘방(墓方)을 지나는 과궁수(過宮水)가 되어 간혹 초년에 사람과 재물이 늘어나기는 해도 뒤에는 집안이 빈한하고 청렴하게 되는 것이 이 무덤이라 한다.

○ 수구(水口)가 갑묘(甲卯) 사방(死方)이 되면 교여불급(交如不及)이라 하여 수명이 짧고 재물이 흩어진다고 한다.

○ 수구(水口)가 간인(艮寅) 병방(病方)이 되어도 교여불급(交如不及)이 되어 대개 집안에 병환이 끊이지 않고 패절(敗絶)이 된다고 보고 있다.

○ 수구(水口)가 계축(癸丑) 쇠방(衰方)이 되면 퇴신(退神)을 범하게 되어 패절(敗絶)이 된다고 하니 입향(立向)하지 못한다.

○ 수구(水口)가 임자(壬子) 왕방(旺方)이 되면 생(生)이 와서 왕(旺)을 파하게 되어 집안이 가난하고 초년에는 비록 자손이 번성해도 세월이 오래 지나면 후사마저 없어진다고 한다.

○ 수구(水口)가 신술(辛戌)방이 되면 향상(向上)의 곤:대위(冠

帶位)를 충파(冲破)하여 반드시 총명한 어린이가 상하고 종국에
는 패절(敗絶)을 면하기가 어렵다고 하니 입향(立向)이 불가하다.

○ 수구(水口)가 건해(乾亥)방이 되면 향상(向上)의 임관(臨官)
을 충파(冲破)하여 총명한 다 큰 자식이 상하고 단명 패절(敗絶)
하는 대 흉방(凶方)으로 치고 있다.

○ 장대(長大)한 우수(右水)가 좌측으로 흘러 유정하게 정면의
신(申)방을 침범하지 않고 곤(坤)방으로 나가면 대부(大富) 대귀
(大貴)하고 자손도 번성하다. 그러나 조금이라도 잘못되면 패절
(敗絶)을 당한다고 하니 경솔하게 쓰지를 못한다.

(4) 갑좌경향(甲坐庚向) 묘좌유향(卯坐酉向)

○ 금국(金局)의 제왕향(帝旺向)에서는 우선룡(右旋龍)에 좌선
수(左旋水)가 합격이다. 좌측 손사(巽巳)방 장생수(長生水)가 묘
고(墓庫) 계축(癸丑)방으로 수구(水口)가 되면 금국(金局)의 제
왕향(帝旺向)이 되어 대부 대귀하고 자손도 흥왕하며 남녀가 모
두 장수를 하고 길이 그 발복이 무궁하다고 한다(龍巽峰坤庚向立
癸方放水福無窮 : 손사룡에다 경유향을 세우고 계축방으로 물이 흐
르면 발복이 무궁하다).

○ 좌수(左水)가 우측 신술(辛戌)방으로 흘러 나가면 목국(木
局)의 자왕향(自旺向)이 되어 발복 부귀하고 자손도 흥왕하며 남
녀 모두 총명 수려하다는 길국(吉局)이 된다고 한다.

○ 우수(右水)가 좌측 병(丙)방으로 흘러 가면 금국(金局)의 자
왕향(自旺向)이 되어 부귀가 겸전하고 자손이 흥왕하다. 그러나
약간이라도 오자(午字)나 사자(巳字)를 침범하게 되면 불길하다.
만일 사오(巳午)의 두 방위 중 한 방위라도 침범하게 되면 남녀
가 음탕하거나 아니면 후사가 끊어진다고 하니 경솔하게 입향(立

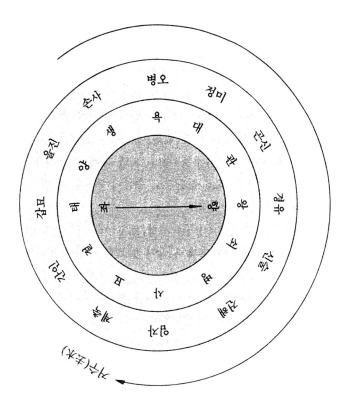

向)을 해서는 안 된다.

○ 수구(水口)가 곤신(坤申)방이 되면 향상(向上)의 임관위(臨官位)를 충파(沖破)하여 황천대살(黃泉大殺)이 된다. 이렇게 되면 훌륭하게 성장한 자식이 상하고 재산도 흩어지며 종국에 가서는 패절(敗絶)이 된다는 대흉국(大凶局)으로 치고 있다.

○ 수구(水口)가 정미(丁未)방이 되면 향상(向上)의 관대위(冠帶位)를 충파(沖破)하여 나이 어린 총명한 자식이 상하고 또한 어린 부녀자가 손상되며 아울러 재산이 흩어지고 해가 오래 지나면 후사마저 끊어진다고 한다.

○ 수구(水口)가 을진(乙辰)방이 되면 향상의 양(養)위를 충파(冲破)하여 어린 아이를 상하고 재산도 흩어지며 종내에는 절사까지 된다고 하니 입향을 하지 못한다.

○ 수구(水口)가 갑묘(甲卯)방이 되면 태신(胎神)을 충파하여 낙태를 하고 성인이 상하며 간혹 초년에 재물이 축적되어도 오래되면 흩어지고 종국에는 패절(敗絶)에까지 이른다고 한다.

○ 수구(水口)가 간인(艮寅)방이 되면 과궁수(過宮水)가 되어 초년에 간혹 발복을 해도 잠간이고 종국에 가서는 수명이 짧고 집안이 빈궁하게 된다고 한다.

○ 수구(水口)가 임자(壬子) 사방(死方)이 되면 단명수(短命水)가 되어 수명이 짧은데 대개 재물이 있으면 사람이 귀하고 사람이 있으면 재물이 없다고 한다. 간혹 공직에 오른 이도 있다고는 하나 단명을 하여 수복이 함께 따르지를 못하는 것으로 보고 있다.

○ 수구(水口)가 건해(乾亥) 병방(病方)으로 나게 되면 이 또한 남자는 단명(短命)을 하고 여자는 과부가 된다고 하는 흉국(凶局)이 되어 재산도 흩어지고 종국에 가서는 후사마저 끊어진다고 한다. 대개 병방(病方)의 수구와 사방(死方)의 수구는 그 미치는 영향이 거의 비슷하다고 본다.

○ 수구(水口)가 손사(巽巳)방이 되면 왕(旺)이 가서 생(生)을 충파(冲破)하여 재산은 있어도 어린이를 기르기가 어려우며 대개 십중 팔구는 후사가 끊어진다고 한다.

○ 우수(右水)가 좌측으로 흘러 경(庚)방으로 나가고 유방(酉方)을 범하지 않으면 출살(出殺)이라 하여 부귀가 겸전(兼全)하다고 한다. 그러나 참된 용이 못되면 패절이 된다고 하니 경솔하게 쓰지 않는 것이 좋다. 비단 갑묘산(甲卯山) 경유향(庚酉向)뿐만 아니라 사국(四局)의 태향태류(胎向胎流)는 모두 다같이 흉한

것으로 보고 있다.

(5) 을좌신향(乙坐辛向) 진좌술향(辰坐戌向)

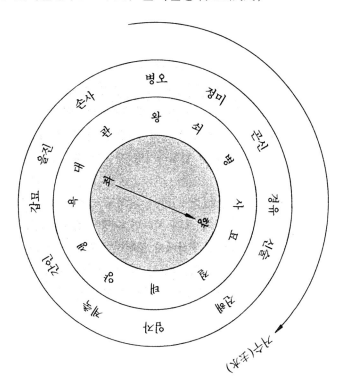

○ 화국(火局) 묘고향(墓庫向)에서는 우선룡(右旋龍)에 좌선수(左旋水)가 합법이다. 병오(丙午) 왕수(旺水)가 묘방(墓方) 신술(辛戌)을 지나서 절위(絶位) 건해(乾亥) 방으로 나가면 화국(火局) 묘향(墓向)의 출살(出殺)이 되어 자손이 흥왕하고 대부(大富) 대귀(大貴)하며 수복이 겸전하는 길국(吉局)이 된다고 한다.

○ 우수(右水)가 좌측 곤신(坤申)방으로 나가도 목국(木局)의 정양향(正養向)이 되어 사람과 재물이 흥왕하고 공명도 현달하며 남녀가 모두 어질고 장수하며 길이 발복하는 것으로 보고 있다.

○ 수구(水口)가 경유(庚酉)방이 되면 향상(向上)의 녹위(祿位)를 충파(冲破)하여 이른바 소황천(小黃泉)이라 집안이 궁핍하고 남자의 수명이 짧으며 과부가 난다. 간혹 발복하는 이도 있으나 극히 희소하고 특히 술(戌)방에 보기 흉한 악석(惡石)이 보이면 성질이 흉폭한 자손이 출생하여 더욱 흉하다고 한다.

○ 수구(水口)가 정미(丁未)방이 되면 퇴신(退神)이 되어 초년에 약간 유리하게 자손이 번성하지만 재물이 없으니 곧 불발지가 된다.

○ 수구(水口)가 병오(丙午)방이 되어도 초년에는 자손이 번성하고 장수를 하지만 해가 오래 지나면 수명이 짧고 재산도 흩어져 곤궁하고 종국에 가서는 후사마저 끊어진다고 한다.

○ 수구(水口)가 손사(巽巳)방이 되면 재물이 흩어지고 어린이를 기르기가 어려우며 남녀가 다같이 수명이 짧아 후사마저 없어진다고 한다.

○ 수구(水口)가 을진(乙辰) 방이 되면 퇴신(退神)이 관대(冠帶)를 범하여 입향(立向)을 하지 못한다. 만일 쓰게 되면 인패(人敗)와 재패(財敗)가 생기고 후사마저 위태롭다고 한다.

○ 수구(水口)가 간인(艮寅)방이 되어도 사람과 재물이 날로 쇠잔하여 종내에 가서 심하면 후사까지 끊어진다고 한다.

○ 수구(水口)가 계축(癸丑)방이 되면 입향(立向)을 하지 못한다. 이는 양위(養位)를 충파하여 사람과 재물이 모두 불발한다.

○ 수구(水口)가 임자(壬子)방이 되면 태신(胎神)을 충파하여 입향(立向)하기가 불분명하다. 간혹 발복을 하는 수도 있고 혹은

불발도 하여 후사가 끊어지는 길흉이 상반(相半)되는 것으로 본다.

○ 좌수(左水)가 우측으로 흘러서 정면 신자(辛字)상으로 유정하게 흘러 나가되 술(戌)방을 침범하지 않으면 대부 대귀할 수도 있으나 이 때 약간만 착오가 생겨도 대흉하고, 또한 우수(右水)가 묘위(墓位)를 충파해도 대황천살(大黃泉殺)을 범하게 되니 경솔하게 다루어서는 안 된다.

○ 좌수(左水)가 우측으로 흐르고 정면 신방(辛方)의 물이 앞으로 와 혈뒤 갑방(甲方)으로 나가면서 묘방(卯方)을 침범하지 않으면 대부 대귀하고 자손도 흥왕하며 수복이 겸전하는 길국(吉局)이 된다고는 하나 이는 평지에서 발복을 하지 산지(山地)에서는 오히려 패절(敗絶)이 된다고 한다.

(6) 손좌건향(巽坐乾向) 사좌해향(巳坐亥向)

목국(木局) 장생향(長生向)에서는 좌선룡(左旋龍)에 우선수(右旋水)가 합법이다. 우수(右水)가 좌측 정미(丁未)방으로 나가면 목국(木局)의 장생향(長生向)이라 왕(旺)이 가서 생(生)을 맞이하니 부귀를 겸전하고 처자가 어질며 오복이 가득 찬 길국(吉局)이 된다.

○ 우수(右水)가 좌측 신술(辛戌)방으로 나가도 화국(火局)의 자생향(自生向)이 되어 자손이 흥왕하고 부귀하며 길이 발복을 한다.

○ 좌수(左水)가 우측 임자(壬子)방으로 나가도 역시 부귀를 겸전하고 수복이 쌍전되는 길국(吉局)이 된다고 본다.

○ 수구(水口)가 경유(庚酉)방이 되면 태신(胎神)을 충파(冲破)하여 초년에는 간혹 발복을 하는 수도 있으나 세월이 오래 지나면 집안이 빈곤하거나 아니면 후사가 없어진다고 하니 입향(立向)이

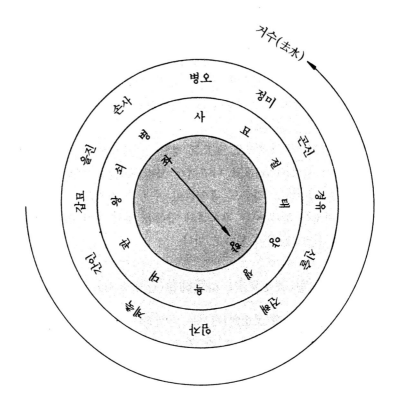

불가하다.

○ 수구(水口)가 병오(丙午)방이 되어도 사람의 수명이 짧고 재산이 없어 곤궁하다고 한다.

○ 수구(水口)가 곤신(坤申)방이 되면 절궁(絶宮)이라. 정이 지나쳐 초년에 비록 발복을 해도 오래 되면 집안이 곤궁하고 공명에도 불리한 것으로 본다.

○ 수구가 손사(巽巳) 병위(病位)가 되면 세월이 갈수록 빈곤하고 종국에 가서는 수명마저·짧다고 한다.

○ 수구가 을진(乙辰)방이 되어도 재산이 패하거나 아니면 후사

가 없어진다고 하니 입향(立向)을 하지 못한다.

　○ 수구가 갑묘(甲卯)방이 되면 생래파왕(生來破旺)이라, 즉 생(生)이 와서 왕(旺)을 파(破)하는 격이 되어 빈궁하다. 간혹 초년에 발복을 하는 수도 있으나 세월이 오래 가면 패절(敗絶)이 된다고 하니 입향(立向)을 하지 못한다.

　○ 수구가 계축(癸丑)방이 되면 향상의 관대(冠帶)를 충파(冲破)하여 총명한 어린이가 상하고 교태(嬌態)를 부리는 부녀자가 나서 극히 흉하다고 한다.

　○ 물이 간인(艮寅)방으로 흘러 수구가 되면 임관(臨官)위를 충파하여 황천대살(黃泉大殺)이라 훌륭한 다 큰 자식이 상하고 빈궁하여 종국에 가서는 후사까지 없어진다는 대 흉국(凶局)으로 보고 있다.

　○ 우수(右水)가 좌측으로 흐르면서 향상(向上)의 건방(乾方)으로 흘러 나가되 해방(亥方)을 침범하지 않고 유정하게 흐르면 대부 대귀하다고 하나 만일 약간의 차이만 생겨도 패절(敗絶)하게 되고, 또한 장대(長大)한 좌수(左水)가 우측으로 흐르면서 건자(乾字)상으로 나가면 좌측 묘(墓) 절(絶) 수가 생방(生方)을 충파하여 크게 흉한 대살(大殺)이 되니 잘 살펴서 입향을 해야 한다.

(7) 병좌임향(丙坐壬向) 오좌자향(午坐子向)

　○ 좌수(左水)가 우측 을진(乙辰)방으로 흘러가면 생래회왕(生來會旺)하는 수국(水局)의 정왕향(正旺向)이 되어 대부 대귀하고 자손들이 어질고 총명하며 발복 또한 오래 간다고 한다.

　○ 좌수(左水)가 우측 계축(癸丑) 쇠방(衰方)으로 흘러가도 금국(金局)의 자왕향(自旺向)이 되어 발복 부귀하고 자손들도 흥왕하는 길국(吉局)이 된다.

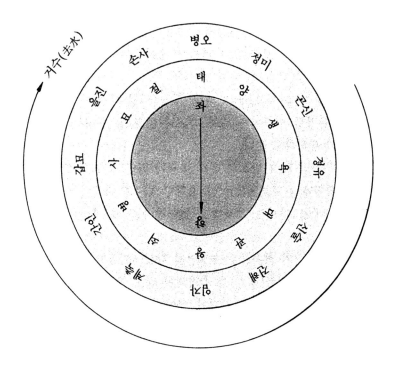

○ 우수(右水)가 좌측으로 흐르면서 목욕(沐浴)방 경자(庚字)위로 나가되 유(酉)방과 신(申)방을 침범하지 않으면 부귀 겸전하고 자손도 번성하는 길국(吉局)이 된다. 그러나 자칫 신유(申酉) 두 방위를 침범하게 되면 남녀가 음란하거나 아니면 후사가 끊어진다고 하니 자상하게 살펴야 한다.

○ 물이 건해(乾亥)방으로 나가게 되면 향상(向上)의 임관위(臨官位)를 충파(沖破)하여 황천살(黃泉殺)을 범하게 되니 크게 흉하다. 그렇게 되면 다 큰 자식을 상하고 어린이를 기를 수 없어 패절(敗絶)이 된다고 한다.

○ 수구(水口)가 신술(辛戌)방이 되면 관대위(冠帶位)를 충파(沖破)하여 퇴신(退神)을 범하게 되니 총명한 어린이가 상하고 재산을 탕진하며 오래 지나면 후사마저 끊어진다고 한다.

○ 수구(水口)가 정미(丁未)방이 되면 향상의 양위(養位)를 충파(沖破)하게 되어 어린이를 잃고 종내는 파산(破産) 후 절사(絶嗣)까지 된다고 한다. 그리고 정미(丁未) 수구(水口)에 목욕(沐浴) 임자(壬子) 향은 본시 입향(立向)을 하지 못하는 퇴신수법(退神水法)이 되어 극히 흉하다고 하니 유의하기 바란다.

○ 수구(水口)가 병오(丙午)방이 되면 태신(胎神)을 충파(沖破)하게 되어 불길하다. 낙태로 기인하여 사람이 상하고 간혹 초년에 유리해도 세월이 오래 지나면 집안이 궁핍하고 패절(敗絶)이 된다고 한다.

○ 물이 손사(巽巳)방으로 흐르면 을진(乙辰) 묘고(墓庫)방을 지나쳐 특히 공명(功名)이 불리하다. 간혹 초년에 자손이 발복을 해도 집안이 몹시 가난하다고 한다.

○ 수구(水口)가 갑묘(甲卯)방이 되면 수복이 함께 따르지를 않아 수명이 길면 재물이 따르지 않고 재물이 따르면 수명이 길지 못하다. 간혹 그 가운데 조금 유리한 자손도 있으나 종내에는 집안이 빈궁하고 후사마저 없어진다고 한다.

○ 물이 간인(艮寅) 병방(病方)으로 흐르면 고진(孤辰) 과숙(寡宿)수를 범하게 되어 남자는 단명을 하고 여자는 홀로 지내다가 재산마저 탕진하고 후사까지 끊어진다고 한다.

○ 수구(水口)가 곤신(坤申)방이 되면 왕(旺)이 가서 생(生)을 충파(沖破)하여 비록 재물은 있다 해도 어린이를 기르기가 어렵다. 다시 말해서 부(富)는 누려도 십중팔구는 후사가 끊어진다고 한다.

○ 우수(右水)가 좌측으로 흘러서 정면 임자(壬字) 상으로 나가되 자(子)방을 침범하지 않고 유정하게 흐르면 대부(大富) 대귀(大貴)하고 그 발복도 길이 오래가는 길국(吉局)이 된다고 한다. 그러나 용혈(龍穴)이 진격(眞格)을 이루지 못하면 패절(敗絶)이 된다고 하니 경솔하게 입향(立向)을 해서는 안 된다. 그리고 좌수(左水) 즉 생방수(生方水)가 우측으로 흘러 왕위(旺位)인 임자(壬字)를 충파해도 생래파왕(生來破旺)이 되어 크게 흉하다. 그러니 자상하게 잘 살펴서 입향을 해야 한다.

(8) 정좌계향(丁坐癸向)·미좌축향(未坐丑向)

○ 금국(金局) 묘고향(墓庫向)에서는 우선룡(右旋龍)에 좌선수(左旋水)가 합격이다. 병오(丙午) 왕수(旺水)가 좌측으로 흐르면서 건해(乾亥)방으로 나가면 화국(火局)의 양향(養向)이 되어 대부 대귀하고 공명도 현달하며 남녀가 모두 어질고 발복 또한 길이 오래 간다고 한다.

○ 좌수(左水)가 우측 절위(絶位) 간인(艮寅)방으로 흘러 나가면 금국(金局)의 묘고(墓庫)향이 되어 대부 대귀하고 자손이 흥왕하며 수복이 겸전하다고 하나 단 세월이 오래 지나면 풍질 환자가 생긴다고도 한다.

○ 우수(右水)가 좌측 임자(壬子)방으로 나가면 소황전(小黃泉)이 되어 재물이 궁핍하고 남자들이 수명이 짧으며 종내에는 후사가 없어진다고 한다. 또한 축(丑)방에 창날[鎗刃]과 같은 악석(惡石)이 있으면 포악한 자가 나서 폭력배가 된다고 하니 더욱 흉하다.

○ 수구(水口)가 신술(辛戌)방이 되면 퇴신(退神)을 범하여 초년에 비록 자손은 번성해도 재물이 적다고 한다. 다만 재물이 없어서 한이지 그다지 흉하지는 않다고 하니 무방하리라.

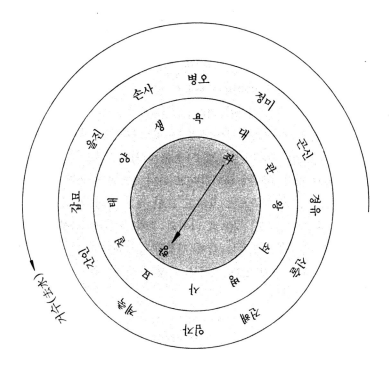

○ 수구(水口)가 경유(庚酉) 왕방(旺方)이 되면 간혹 초년에 자손도 번성하고 재물도 있으나 세월이 오래 지나면 수명이 짧고 재산도 흩어지며 종내에는 패절(敗絶)이 된다고 한다.

○ 물이 곤신(坤申)방으로 흐르면 재물이 흩어지고 어린이를 기르기가 어려우며, 또한 남녀의 수명이 짧아서 종내에는 후사가 끊어진다고 한다.

○ 수구(水口)가 정미(丁未)방이 되면 관대(冠帶)를 범하여 입향(立向)을 하지 못한다. 이는 일찍이 패절(敗絶)이 된다고 한다.

○ 물이 을진(乙辰)방으로 나가면 향상의 양위(養位)를 충파하여 재산이 흩어지고 자손 또한 불왕하다.

○ 물이 손사(巽巳)방으로 흐르면 사람과 재물이 날로 쇠퇴하여 뒤에 가서는 패절(敗絶)이 된다고 한다.

○ 물이 갑묘(甲卯)방으로 나가면 길흉이 상반(相半)되어 부귀한 사람도 있고 또한 불발하는 사람도 있으나 대개 부귀하면 수명이 짧고 장수를 하면 재물이 없다고 한다.

○ 좌수(左水)가 정면 계방(癸方)으로 나가면서 축방(丑方)을 침범하지 않으면 대귀(大貴) 대부(大富)하지만 만일 약간의 차질이라도 있게 되면 후사가 끊어진다고 하니 경솔하게 쓰지 못한다.

○ 좌수(左水)가 우측으로 흐르고 또한 정면 계방(癸方)에서 흘러와 혈 뒤 병자(丙字) 상으로 나가되 오자(午字)를 침범하지 않으면 대부 대귀하고 수복이 함께 겸전하다고 하나 대개 평지에서는 발복을 해도 산지(山地)에서는 패절(敗絶)이 된다고 하니 경솔하게 쓰지 못한다.

(9) 곤좌간향(坤坐艮向) 신좌인향(申坐寅向)

○ 화국(火局) 장생향(長生向)에서는 좌선룡(左旋龍)에 우선수(右旋水)가 합법이다. 우수(右水)가 좌측으로 흘러 신술(辛戌) 묘고(墓庫)방으로 나가면 화국(火局)의 정생향(正生向)이 된다. 이렇게 되면 아내는 어질고 자녀는 효순하며 부귀가 겸전하고 오복이 집안에 가득하다고 한다.

○ 우수(右水)가 좌측 계축(癸丑)방으로 나가면 금국(金局)의 자생향(自生向)이 되어 향상(向上)의 양위(養位)를 충파(沖破)하는 것으로 보지 않는다. 이렇게 되면 부귀장수하고 자손도 흥왕하다고 한다.

○ 좌수(左水)가 우측 갑묘(甲卯)방으로 흘러나가면 문고소수(文庫消水)의 수법(水法)에 부합이 되어 부귀 대왕하고 수복이

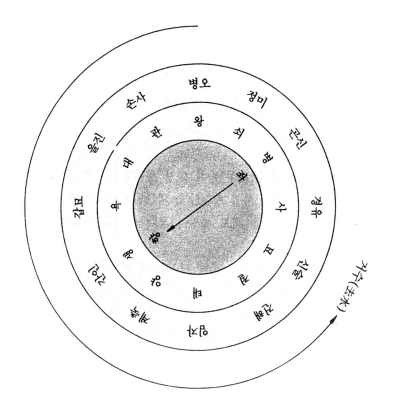

겸전하는 길국(吉局)이 된다고 한다.

○ 수구(水口)가 임자(壬子)방이 되면 태신(胎神)을 충파(冲破)하여 흉국(凶局)이다. 간혹 초년에 발복을 하는 수도 있으나 세월이 오래 지나면 반드시 빈궁하게 된다고 한다.

○ 물이 건해(乾亥)방으로 흘러 나가면 초년에 비록 사람은 나는 수 있어도 재물은 발복하지 못하여 가난하고 또한 공명도 불리하다.

○ 물이 경유(庚酉)방으로 나가게 되면 사방(死方)을 충파하여

수명이 짧고 손재수가 따르며 범사 성공하기가 어렵다고 한다.

　○ 수구(水口)가 곤신(坤申)방이 되면 병방(病方)을 충파(冲破)하여 무방하나 생방(生方)에서 흐르는 물이 되면 수명이 짧고 패절(敗絶)이 되는 흉수(凶水)가 된다.

　○ 수구(水口)가 정미(丁未)방이 되면 열개의 퇴신(退神)을 범하여 패가(敗家)가 아니면 절손(絶孫)이 된다고 하니 입향(立向)을 하지 못한다.

　○ 수구(水口)가 병오(丙午)방이 되면 생래파왕(生來破旺)이라, 다시 말해서 생(生)이 와서 왕(旺)을 파(破)하니 집안이 궁핍하다. 간혹 초년에 발복을 해도 세월이 오래 지나면 패절(敗絶)이 된다고 한다.

　○ 물이 손사(巽巳)방으로 흘러 나가면 향상의 임관위(臨官位)를 충파(冲破)하여 관직으로 성공한 다 큰 자식이 상하고 종내에는 후사마저 없어진다고 한다.

　○ 물이 을진(乙辰)방으로 흘러 나가면 관대위(冠帶位)를 충파(冲破)하여 나이 어린 총명한 재주가 상하고 출세를 저해하는 흉방(凶方)이 된다고 한다.

　○ 장대한 우수(右水)가 좌측으로 흐르면서 인자(寅字)를 침범하지 아니하고 간자(艮字)상으로 유장하게 나가면 대부 대귀하고 자손도 홍왕하다고 하나 만일 용혈(龍穴)이 좋지 못하거나 또는 약간의 차이라도 생기게 되면 패절(敗絶)이 된다고 하니 경솔하게 쓰지를 못한다. 그리고 묘(墓) 절(絶)위의 신방(辛方)과 건방(乾方)의 물이 생위(生位) 간인(艮寅)방을 충파해도 대 악살(惡殺)이 되어 대흉(大凶)하다고 본다.

⑽ 경좌갑향(庚坐甲向) 유좌묘향(酉坐卯向)

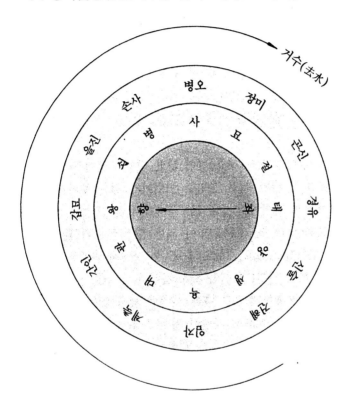

　○ 목국(木局) 제왕향(帝旺向)에서는 우선룡(右旋龍)에 좌선수(左旋水)가 합법이다. 좌측에 있는 물이 우측으로 흘러서 정미(丁未)방으로 나가면 목국(木局)의 정왕향(正旺向)이라 모든 수법(水法)과 합치되어 대부 대귀하고 자손이 흥왕(興旺) 효순(孝順)하며 남녀가 장수하고 그 발복이 길이 오래 간다고 한다.
　○ 좌수(左水)가 을진(乙辰) 쇠(衰)방으로 흐르면 수국(水局)의 자왕향(自旺向)이 되어 부귀 발복하고 자손도 번창하다.

○ 우수(右水)가 좌측 임자(壬子)방으로 흘러도 화국(火局)의 자왕향(自旺向)이 되어 부귀 겸전하고 발복을 한다. 그러나 수구(水口)가 자방(子方)과 해방(亥方)을 범하면 남녀가 음탕하거나 아니면 패절(敗絶)을 한다고 하니 경솔하게 쓰지 못한다.

○ 물이 간방(艮方)으로 나가면 향상의 임관위(臨官位)를 충파(沖破)하여 대황천수(大黃泉水)가 된다. 만일 이렇게 되면 총명한 자식이 상하고 종내에는 패절(敗絶)을 한다는 대 흉방(凶方)이 된다.

○ 수구(水口)가 계축(癸丑)방이 되면 향상의 관대위(冠帶位)를 충파(沖破)하여 나이 어린 총명한 어린이와 젊은 부녀자가 상하고 또한 재물도 흩어지며 종내에는 후사마저 끊어진다고 한다.

○ 수구(水口)가 신술(辛戌)방이 되면 향상의 양위(養位)를 충파하여 어린이가 상하고 재산도 흩어지며 종국에 가서는 후사마저 끊어진다고 하니 입향(立向)을 하지 못한다.

○ 물이 경유(庚酉)방으로 흘러 나가면 태신(胎神)을 충파하게 되어 낙태(落胎)를 하면서 사람이 상하고 초년에 간혹 발복을 한다 해도 과궁수(過宮水)가 되어 세월이 오래 지나면 패절(敗絶)이 된다고 한다.

○ 물이 곤신(坤申)방으로 흐르면 자손은 있어도 재물이 없고 수명은 보장되나 공명(功名)이 불리한 것으로 본다.

○ 수구(水口)가 병오(丙午) 사방(死方)이 되면 교여불급(交如不及)이라 하여 단명수(短命水)라 한다. 이 향은 자손이 번성하면 재물이 없고 재물이 있으면 사람이 없으며 공명(功名)도 불리하고 세월이 오래 지나면 패절(敗絶)이 된다고 한다.

○ 수구(水口)가 손사(巽巳) 병방(病方)이 되면 과숙수(寡宿水)라 하여 남자는 단명을 하고 여자는 과부가 많이 난다고 한다. 병

방(病方)과 사방(死方)의 수구(水口)는 그 발흉(發凶)하는 것이 서로 비슷한 것으로 보고 있다.

○ 물이 건해(乾亥)방으로 나가면 왕(旺)이 가서 생(生)을 충파(冲破)하여 재산은 있어도 사람이 없다고 한다. 이래서 어린이를 기르기가 어렵고 후사가 끊어진다고 하니 입향(立向)이 불가하다.

○ 장대(長大)한 우수(右水)가 좌측으로 흘러서 향상(向上)의 갑자(甲字)위로 나가되 묘자(卯字)를 침범하지 않고 유정하게 흐르면 태향태류(胎向胎流)의 출살(出殺)이라 하여 대귀 대부하고 자손도 흥왕하다. 그러나 용혈(龍穴)이 진격(眞格)이 못되면 패절(敗絶)이 된다고 하니 경솔하게 입향(立向)을 해서는 안 된다. 이와 반대로 좌수(左水)가 우측으로 흐르면서 정면 갑자(甲字) 위로 곧게 빠져 나가면 생(生)이 와서 왕(旺)을 충파(冲破)하는 것이 된다. 만일 이렇게 되면 사람은 있어도 재물이 없어 몹시 빈곤하다고 한다.

⑾ 신좌을향(辛坐乙向) 술좌진향(戌坐辰向)

○ 수국(水局) 묘고향(墓庫向)에서는 우선룡(右旋龍)에 좌선수(左旋水)가 합법이다. 우수(右水)가 좌측 간인(艮寅)방으로 나가면 금국(金局)의 정양향(正養向)이 되어 재물도 대왕하고 공명도 현달하며 남녀가 장수하면서 발복도 길이 오래 간다. 옛 글에 이르기를 「경룡을향곤산수」(庚龍乙向坤山水)하고 「귀간유래복수증」(歸艮由來福壽增)이라 하였는데 이는 다시 말해서 경태(庚兌)룡에 신좌(辛坐) 을향(乙向)을 놓고 곤방(坤方)의 생수(生水)가 간방(艮方)으로 흘러가면 수복이 증진된다는 것이다.

○ 좌수(左水)가 우측 손사(巽巳)방으로 나가면 수국(水局) 묘향(墓向)에서는 출살(出殺)이 되어 대부 대귀하고 자손도 흥왕하

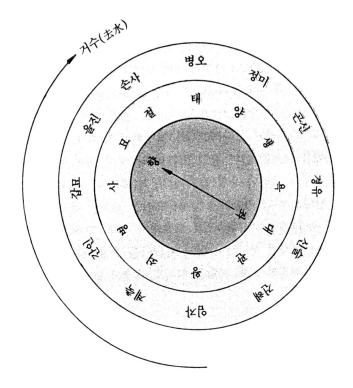

며 수복이 겸전하는 길국(吉局)으로 친다. 옛 글에 「을향손류청부귀」(乙向巽流淸富貴)라 하였는데, 이를 다시 말하면 신좌을향(辛坐乙向)에서 손방(巽方)으로 물이 흘러가면 청한하게 부귀를 누린다는 뜻이다.

○ 수구(水口)가 갑묘(甲卯)방이 되면 향상의 녹위(祿位)를 충파하는 소황천(小黃泉)이 되어 빈궁하고 특히 진방(辰方)에 흉석(凶石)이 있으면 흉폭한 자손이 나서 싸움질을 한다고 보고 있다.

○ 수구(水口)가 계축(癸丑)방이 되면 퇴신(退神)을 범하여 초년에 비록 발복을 해도 말년에는 빈곤하다고 한다. 그렇지만 이렇

다 할 흉한 일도 없다고 하니 무방하리라.

○ 물이 임자(壬子)방으로 흘러가면 초년에 간혹 발복을 해도 해가 오래 지나면 수명이 짧고 재산이 흩어지며 후사마저 없어진다고 한다.

○ 물이 건해(乾亥)방으로 나가면 임관위(臨官位)를 충파(冲破)하여 재산을 이루지 못하고 어린이를 기르기가 어려우며 남녀 모두 수명이 짧다는 흉방(凶方)으로 치고 있다.

○ 수구(水口)가 신술(辛戌)방이 되면 퇴신(退神)이 관대위(冠帶位)을 충파(冲破)하여 입향을 하지 못한다. 만일 쓰게 되면 패절(敗絶)이 된다고 한다.

○ 수구(水口)가 곤신(坤申) 생방(生方)이 되면 사람과 재산이 점점 쇠잔하다가 종내에는 후사마저 끊어진다고 한다.

○ 수구(水口)가 정미(丁未) 양방(養方)이 되면 재운이 불리하고 매사 잘 되는 것이 없다고 한다.

○ 수구(水口)가 태향(胎向) 병오(丙午)방이 되면 간혹 초년에 발복하는 수도 있으나 이와 달리 수명이 짧고 가난한 이도 있으니 이는 길흉이 상반(相半)되는 반흉(半凶) 반길(半吉)한 것으로 보고 있다.

○ 좌수(左水)가 우측으로 흘러 정면 을자(乙字) 상으로 나가면서 진자(辰字)를 침범하지 않고 유정하게 흐르면 대부 대귀하고 크게 발복을 한다. 그러나 약간의 차이라도 있게 되면 곧 후사가 끊어진다고 하니 신중하게 잘 살펴서 입향을 해야 한다.

○ 물이 정면 을방(乙方)에서 혈(穴) 앞으로 흘러 오다가 좌측에서 우측으로 흐르는 물과 만나 혈 뒤 경자(庚字)상으로 유정하게 흘러가면서 유자(酉字)를 침범하지 않으면 대부 대귀하는 귀국(貴局)으로 친다. 그리고 이 향은 평지에서는 발복을 해도

산지(山地)에서는 패절(敗絶)이 된다고 하니 함부로 경솔하게 입
향을 해서는 안 된다.

⑿ 건좌손향(乾坐巽向) 해좌사향(亥坐巳向)

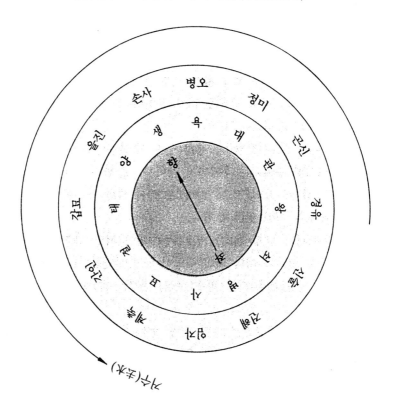

○ 금국(金局) 장생향(長生向)에서는 좌선룡(左旋龍)에 우선수
(右旋水)가 합법이다. 우수(右水)가 좌측 계축(癸丑)방으로 흘러
가면 금국(金局)의 장생향(長生向)이 되어 현모양처에 자손이 효
순하고 오복과 부귀가 구전한다는 길국이 된다고 한다.

○ 우수(右水)가 좌측 을진(乙辰)방으로 흐르면 수국(水局)의 자생향(自生向)이 되어 향상의 양위(養位)를 충파(沖破)하는 것으로 보지 않는다. 이래서 부귀 장수하고 자손도 흥왕하다.

○ 좌수(左水)가 우측 병오(丙午)방으로 흘러가도 문고(文庫) 수법(水法)에 부합이 되어 발복 부귀하고 수복이 겸전하다고 하나 만일 약간만 차이가 생겨도 흉할 수 있으니 신중을 기해서 입향(立向)을 해야 한다.

○ 수구(水口)가 갑묘(甲卯)방이 되면 태신(胎神)을 충파(沖破)하게 되어 간혹 초년에 발복하는 수도 있으나 해가 오래 지나면 낙태를 하다가 사람이 상하고 집안이 점점 빈궁해진다고 한다.

○ 물이 간인(艮寅)방으로 흘러가면 간혹 초년에 발복을 하는 수도 있으나 재물이 궁하고 공명(功名)도 불리한 것으로 보고 있다.

○ 물이 임자(壬子)방으로 흘러가면 수명이 짧고 재산도 흩어진다고 한다.

○ 물이 건해(乾亥)방으로 흘러가면 하는 일마다 실패를 하고 후사마저 끊어진다는 흉방으로 친다.

○ 물이 신술(辛戌)방으로 흐르면 퇴신(退神)을 범하여 입향(立向)이 불가하다. 만일 쓰게 되면 패절(敗絶)이 된다고 한다.

○ 경유(庚酉)방이 수구(水口)가 되면 생(生)이 와서 왕(旺)을 파(破)하는 격이 되어 집안이 곤궁하다. 간혹 초년에 발복을 한다고는 하나 해가 오래 지나면 패절(敗絶)이 된다고 보고 있다.

○ 수구(水口)가 정미(丁未)방이 되면 향상(向上)의 관대(冠帶)를 충파하여 총명한 어린이가 상하고 집안이 기운다고 한다.

○ 수구(水口)가 곤신(坤申)방이 되면 향상의 임관(臨官)을 충파하여 장성한 아들이 상하고 집안이 빈곤해진다는 흉국이 된다.

○ 장대(長大)한 우수(右水)가 사자(巳字)를 범하지 않고 손자

(巽字)상으로 유정하게 흘러가면 대부 대귀하고 자손도 흥왕하다.
그러나 만일 좌수(左水)가 손사(巽巳)방으로 흘러가면 묘(墓) 절
(絶) 수가 생방(生方)을 충파하게 되어 극히 흉한 것으로 보고
있다.

6. 도화살수(桃花殺水)

향(向)	해묘미 (亥卯未)	사유축 (巳酉丑)	신자진 (申子辰)	인오술 (寅午戌)
방 위	자수(子水)	오수(午水)	유수(酉水)	묘수(卯水)

　도화살(桃花殺)은 정양(淨陽) 정음(淨陰)으로 보는데 정음국
(淨陰局)의 해(亥) 묘(卯) 미(未)향과 사(巳) 유(酉) 축(丑)향은
자(子) 오(午) 양수(陽水)가 「도화살」이 되고 정양국(淨陽局)의
신(申) 자(子) 진(辰)향과 인(寅) 오(午) 술(戌)향은 묘(卯) 유
(酉) 음수(陰水)가 「도화살」이 된다.

　예를 들면 해향(亥向) 묘향(卯向)에서 목욕방(沐浴方) 자수(子
水)가 보이면서 흘러오는 것을 도화살수(桃花殺水)로 하여 크게
꺼린다. 이는 해묘미(亥卯未) 정음국(淨陰局)에 자(子) 양수(陽
水)가 흘러와 음국(陰局)을 파(破)하여 부녀자들이 주로 음란하
다고 하는데, 이 때 미향(未向)을 하면 자수(子水)가 보이지 않으
면서 흘러 오는 것은 꺼리지 않는다고 한다. 그리고 만 부득이 자
수(子水)가 보이면서 흘러올 경우에는 양향(陽向)을 하여 수수
(收水 : 거두어들임)하는 방법을 쓰는 것도 무방하다고 한다.

　다음 사유측(巳酉丑) 향에서는 오방수(午方水)가 도화수(桃花
水)가 되고, 신자진(申子辰) 향에서는 유방수(酉方水)가 도화살수
가 된다. 이하 같은 방법으로 보면서 추리하면 된다.

7. 대황천(大黃泉)과 소황천(小黃泉)

황천(黃泉)에는 대황천(大黃泉)과 소황천(小黃泉)이 있으며 이
는 입향(立向)을 하면서 가장 꺼린다. 대개 황천을 범하면 아이들
을 기르기가 어렵고 재록(財祿)이 공허하며 종국에 가서는 패절
(敗絕)에까지 이른다고 한다. 그러나 방위는 같아도 입향(立向)하
고 수수(收水)하는 방법에 따라 판별을 달리 하기도 한다.

(1) 대황천(大黃泉) 방위

향 (向)	정경 (丁庚)	을병 (乙丙)	갑계 (甲癸)	신임 (辛壬)	건 (乾)	곤 (坤)	간 (艮)	손 (巽)
방위 (方位)	곤 (坤)	손 (巽)	간 (艮)	건 (乾)	신임 (辛壬)	정경 (丁庚)	신계 (申癸)	병을 (丙乙)

○ 정경향(丁庚向)에 있어서 경향(庚向)은 금국(金局)의 왕위
(旺位)가 된다. 경왕향(庚旺向)을 할 경우 곤방(坤方)은 임관위
(臨官位)가 되는데 이 때 좌측 곤방(坤方)에서 흘러오는 물은 좋
은 길국(吉局)이 되어도 임관위(臨官位) 곤방(坤方)으로 흘러가
는 물은 임관녹위(臨官祿位)를 충파(沖破)하여 가장 꺼리는 대오
황천수(大惡黃泉水)가 된다.

그리고 정향(丁向)은 목국(木局)의 묘향(墓向)과 수국(水局)의
양향(養向)이 있는데, 목국(木局)의 묘향(墓向)에서는 곤방(坤
方)이 절위(絕位)가 된다. 절위(絕位)방에서 오는 물은 대오황천
수(大惡黃泉水)가 되어도 가는 물은 산살(山殺)을 거두어 나간다
하여 오히려 길격(吉格)이 된다고 한다.

수국(水局)의 양향(養向)에서는 곤방(坤方)은 생방(生方)이 된

다. 양향(養向)에서는 상반되게 흘러오는 물은 좋아도 흘러가는 물 즉 곤방(坤方) 수구(水口)는 대오황천수(大惡黃泉水)가 되어 크게 꺼린다.

○ 병을(丙乙)향에 있어서 병방(丙方)은 화국(火局)의 왕방(旺方)이라 병왕향(丙旺向)을 하면 손방(巽方)은 임관위(臨官位)가 된다. 병왕향(丙旺向)에서는 임관위(臨官位) 손방(巽方)의 오는 물은 좋아도 나가는 물은 녹위(祿位)를 충파(冲破)하여 대오황천수(大惡黃泉水)가 된다.

그리고 을향(乙向)에는 수국(水局)의 묘향(墓向)과 금국(金局)의 양향(養向)이 있는데 수국(水局)의 묘향(墓向)에서 손방(巽方)은 절위(絶位)가 된다. 손절수(巽絶水) 즉 손방(巽方)의 절위(絶位)로 나가는 물은 좋아도 오는 물은 대오황천수(大惡黃泉水)가 된다.

금국(金局)의 양향(養向)에서는 손방(巽方)이 생방(生方)이라 득수(得水)는 길격(吉格)이 되어도 거수(去水) 즉 나가는 물은 대오황천수(大惡黃泉水)가 된다.

○ 갑계(甲癸)향에 있어서 갑향(甲向)은 목국(木局)의 왕위(旺位)라 간방(艮方)은 임관위(臨官位)가 된다.

임관수(臨官水)가 되는 간방(艮方)의 오는 물은 좋아도 나가는 물은 대오황천수(大惡黃泉水)가 된다. 그리고 계향(癸向)에는 금국(金局)의 묘향(墓向)과 화국(火局)의 양향(養向)이 있는데 금국(金局)의 묘향(墓向)에서는 간방(艮方)의 절위(絶位) 파구(破口)는 좋아도 득수(得水)는 대오황천수(大惡黃泉水)가 되며, 이와 달리 화국(火局)의 양향(養向)에서는 간방(艮方)이 생방(生方)이 되어 득수(得水)는 좋아도 파구(破口)는 대오황천수(大惡黃泉水)가 된다.

○ 임신(壬辛)향에 있어서 임향(壬向)은 수국(水局)의 왕방(旺方)이라 건방(乾方)은 임관위(臨官位)가 된다:

임관수(臨官水)가 되는 건방(乾方)의 득수(得水) 즉 오는 물은 길격(吉格)이 되어도 나가는 물 파구(破口)는 녹위(祿位)를 충파(冲破)하여 대오황천수(大惡黃泉水)가 된다.

다음 신향(辛向)은 화국(火局)의 묘향(墓向)과 목국(木局)의 양향(養向)이 있는데 화국(火局)의 묘향(墓向)에서는 건방(乾方) 절위(絶位)로 흘러가는 물은 좋아도 득수(得水)가 되는 것은 대오황천수(大惡黃泉水)가 된다. 그리고 목국(木局)의 양향(養向)에서는 건방(乾方)의 생위(生位)에서 흘러오는 .물은 좋아도 흘러가는 물이 파구(破口)가 되면 대오황천수(大惡黃泉水)가 된다고 한다.

○ 건(乾), 곤(坤), 간(艮), 손(巽)향에서는 나침반(羅針盤) 제7선 층에 명시된 방위 즉 건향(乾向)에는 신임(辛壬), 곤향(坤向)에는 정경(丁庚), 간향(艮向)에는 갑계(甲癸), 손향(巽向)에는 병을(丙乙)등 방위로 흘러가는 물은 각각 대오황천수(大惡黃泉水)가 된다고 한다.

이를 다시 종합해 보면 생양방(生養方)이나 임관위(臨官位)에서 오는 물(來水)은 좋아도 나가는 물(去水)은 크게 꺼리고 또 절위(絶位)에서는 오는 물은 꺼려도 흘러나가는 물 즉 파구(破口)는 길격(吉格)으로 치고 있다.

(2) 소황천(小黃泉) 방위

향(向)	계축(癸丑)	을진(乙辰)	정미(丁未)	신술(辛戌)
방 위	임자(壬子)	갑묘(甲卯)	병오(丙午)	경유(庚酉)

소황천(小黃泉)도 입향(立向)을 기준하여 나침반 제5선층에서

「거임자류기향계축」(去壬子流忌向癸丑)이라 명시하고 있는데, 즉 이 말은 물이 임자(壬子)로 흘러가면 계축(癸丑)향을 꺼린다는 뜻이 된다. 12운성표(運星表)에서 보면 계(癸)는 묘(卯)에서 장생 (長生)하여 자(子)가 임관위(臨官位)이고 해(亥)가 왕위(旺位)이다. 계(癸)의 임관녹위(臨官祿位)가 임자(壬子)에 있으니 계축(癸丑)향에서는 임관녹수(臨官祿水)가 흘러와야 영관취록(迎官取祿)이 되어 발복이 빠른 길국(吉局)이 되는데 만일 그렇지 못하고 임관녹위(臨官祿位) 임자(壬子)로 물이 흘러가면 녹위(祿位)를 충파(沖破)하여 소황천(小黃泉)이라 하면서 꺼린다.

이래서 을진향(乙辰向)에서는 갑묘파(甲卯破), 정미향(丁未向)에서는 병오파(丙午破), 신술향(辛戌向)에서는 경유파(庚酉破)가 각각 소황천(小黃泉)이 되어서 크게 꺼린다고 한다.

8. 용상팔살(龍上八殺)

용 (龍)	감룡 (坎龍)	곤룡 (坤龍)	진룡 (震龍)	손룡 (巽龍)	건룡 (乾龍)	태룡 (兌龍)	간룡 (艮龍)	이룡 (离龍)
향 (向)	진향 (辰向)	묘향 (卯向)	신향 (申向)	유향 (酉向)	오향 (午向)	사향 (巳向)	인향 (寅向)	해향 (亥向)

용상팔살(龍上八殺)이란 팔개용신(八個龍身)을 극제(剋制)하는 관귀성(官鬼星)을 뜻하는데, 이는 곧 감룡(坎龍)에서는 진향(辰向)이 되고, 곤룡(坤龍)에서는 묘향(卯向)이 된다. 즉 감(坎)은 양수(陽水)이며 진(辰)은 양토(陽土)이니 토극수(土剋水)되어 진토(辰土)의 묘살(墓殺)이 양수용신(陽水龍身)을 내극(來剋)하게

됨으로 해서 감룡(坎龍)에는 진향(辰向)을 해서는 안 된다는 것
이다.

이와 같이 다음 곤룡(坤龍)에서는 묘향(卯向)을 하지 못한다.
즉 곤(坤)은 음토(陰土)이고 묘(卯)는 음목(陰木)이라 목극토(木
剋土)되어 음(陰) 묘목(卯木)이 음토(陰土) 용신(龍身)을 내극
(來剋)하게 됨으로 해서 곤룡(坤龍)에는 묘향(卯向)을 해서는 안
된다는 것을 나침반(羅針盤) 제3선층에서 명시를 하고 있다. 이
래서 입향(立向)시 상극(相剋)이 되는 용상팔살(龍上八殺)은 꼭
피하는 게 좋다. 뿐만 아니라 상극이 되는 기방(忌方 : 꺼리는 방
위)에서 흘러오는 물까지도 흉하게 보고 있다. 이하 같은 방법으
로 보면서 추리하면 된다.

9. 용상구성법(龍上九星法)

좌산 \ 구성·방위	문곡(文曲)	녹존(祿存)	거문(巨文)	탐랑(貪狼)	염정(廉貞)	파군(破軍)	무곡(武曲)	복음(伏吟)
건갑산(乾甲山)	태(兌)정(丁) 사(巳)축(丑)	진(震)경(庚) 해(亥)미(未)	곤을(坤乙)	감(坎)계(癸) 신(申)진(辰)	손신(巽辛)	간병(艮丙)	이(離)임(壬) 인(寅)술(戌)	건갑(乾甲)
곤을산(坤乙山)	간병(艮丙)	손신(巽辛)	건갑(乾甲)	이(離)임(壬) 인(寅)술(戌)	진(震)경(庚) 해(亥)미(未)	태(兌)정(丁) 사(巳)축(丑)	감(坎)계(癸) 신(申)진(辰)	곤을(坤乙)
태(兌)정(丁)산 사(巳)축(丑)	건갑(乾甲)	이(離)임(壬) 인(寅)술(戌)	간병(艮丙)	손신(巽辛)	감(坎)계(癸) 신(申)진(辰)	곤을(坤乙)	진(震)경(庚) 해(亥)미(未)	태(兌)정(丁) 사(巳)축(丑)
간병산(艮丙山)	곤을(坤乙)	감(坎)계(癸) 신(申)진(辰)	태(兌)정(丁) 사(巳)축(丑)	진(震)경(庚) 해(亥)미(未)	이(離)임(壬) 인(寅)술(戌)	건갑(乾甲)	손신(巽辛)	간병(艮丙)
이(離)임(壬)산 인(寅)술(戌)	진(震)경(庚) 해(亥)미(未)	태(兌)정(丁) 사(巳)축(丑)	감(坎)계(癸) 신(申)진(辰)	곤을(坤乙)	간병(艮丙)	손신(巽辛)	건갑(乾甲)	이(離)임(壬) 인(寅)술(戌)
진(震)경(庚)산 해(亥)미(未)	이(離)임(壬) 인(寅)술(戌)	건갑(乾甲)	손신(巽辛)	간병(艮丙)	곤을(坤乙)	감(坎)계(癸) 신(申)진(辰)	태(兌)정(丁) 사(巳)축(丑)	진(震)경(庚) 해(亥)미(未)
손신산(巽辛山)	감(坎)계(癸) 신(申)진(辰)	곤을(坤乙)	진(震)경(庚) 해(亥)미(未)	태(兌)정(丁) 사(巳)축(丑)	건갑(乾甲)	이(離)임(壬) 인(寅)술(戌)	간병(艮丙)	손신(巽辛)
감(坎)계(癸)산 신(申)진(辰)	손신(巽辛)	간병(艮丙)	이(離)임(壬) 인(寅)술(戌)	건갑(乾甲)	태(兌)정(丁) 사(巳)축(丑)	진(震)경(庚) 해(亥)미(未)	곤을(坤乙)	감(坎)계(癸) 신(申)진(辰)

감(坎) 자(子)는 동궁(同宮)이고 이(离) 오(午)도 동궁이며 진(震) 묘(卯)와 태(兌) 유(酉)도 각각 동궁이다. 여기서 동궁이라 함은 같은 방위를 뜻한다.

그리고 구성(九星) 가운데 탐랑(貪狼)과 거문(巨文), 무곡(武曲), 복음(伏吟)은 길성(吉星)으로 치고, 파군(破軍)과 녹존(祿存), 문곡(文曲), 염정(廉貞)은 흉성(凶星)으로 보고 있다.

보기 용상구성법(龍上九星法)은 묘(墓)의 좌(坐)를 기준하여 구성(九星)의 소재방위를 측정하고 내룡과 입수용맥의 길흉을 가리기도 한다.

예를 들면 건산(乾山:건좌)이나 갑산(甲山:갑좌)일 경우 태(兌) 정(丁) 사(巳) 축(丑) 어느 방위거나 내룡(來龍)과 입수용맥(入首龍脈)이 닿게 되면 문곡성(文曲星)에 해당되고 곤방(坤方)이나 을방(乙方)이 닿게 되면 거문성(巨文星)의 별자리가 된다.

또 곤산(坤山:곤좌)이나 을산(乙山:을좌)일 경우 내룡과 입수용맥이 간방(艮方)이나 병방(丙方)에 닿게 되면 문곡성(文曲星)이 되고 손방(巽方)이나 신방(辛方)이 닿으면 녹존성(祿存星)이 된다. 이 때 입수용맥이 탐랑(貪狼)과 거문(巨文), 무곡(武曲), 복음(伏吟) 등의 별자리에 닿게 되면 길격(吉格)이 되어도 문곡(文曲), 녹존(祿存), 염정(廉貞), 파군(破軍) 등의 별자리에 임하게 되면 흉격(凶格)으로 친다.

가령 건좌(乾坐) 손향(巽向)에서 감계룡(坎癸龍)에 임(壬) 입수(入首)일 경우 감계룡(坎癸龍)은 탐랑성(貪狼星)이 닿게 되어 길격(吉格)이고 임입수(壬入首) 또한 무곡성(武曲星)이 닿게 되어 길격(吉格)이다. 이와 달리 태

룡(兌龍)에 해입수(亥入首)가 되면 건좌(乾坐)에서 태룡
(兌龍)은 문곡성(文曲星)이 되어 불길하고 해입수(亥入首)
또한 녹존성(祿存星)이 닿게 되어 흉격(凶格)으로 친다.
이하 같은 방법으로 묘좌(墓坐)를 기준하여 구성(九星)의
소재로 입수 용맥의 길흉을 가리기도 한다.

10. 음양혈결도(陰陽穴訣圖)

옛 산서에서는 혈(穴)을 노양(老陽)과 노음(老陰), 소양(少陽)
과 소음(少陰), 태양(太陽)과 태음(太陰), 중양(中陽)과 중음(中
陰)으로 분류를 하면서 좌·우의 진신수(進神水)가 명당으로 흘
러오고 여러 살수(殺水)는 파구(破口)로 완전하게 흘러가면 출살
(出殺)이 되어 대지(大地)는 대발(大發)하고 소지(小地)는 소발
(小發)한다고 하였다.

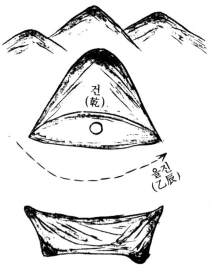

○ 노양혈(老陽穴) 득
위출살도(得位出殺圖)
왼편 그림은 건해좌
(乾亥坐) 손사향(巽巳
向)에서. 오른편 물이
(右水) 왼편으로 흘러
(左旋) 을진방(乙辰方)
으로 나가고 앞에는 아
미사(蛾眉砂)가 있다.
이   노양혈(老陽穴)은
그 형상이 쇠북종과 같

으며 정좌(正坐)는 건궁(乾宮)이라 한다. 혈은 대개 높은 곳에 형
성되며 혈 가운데는 유돌(乳突 : 여자의 젖모습)이 없고 물은 오른
편에서(右水) 당(堂)을 지나 좌측 을진방(乙辰方)으로 나가면 진
격(眞格)이 되어 벼슬이 삼공(三公)에 이른다고 한다.

○ 노음혈(老陰穴) 득위출살도(得位出殺圖)

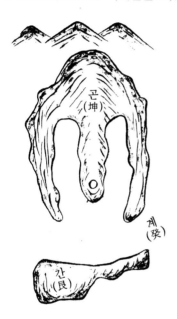

　　　　왼편　그림은　노음혈(老陰
穴)이다.　곤좌간향(坤坐艮向)
에　우수(右水)가　묘좌(墓坐)
로 흘러 계축(癸丑)방으로 나
가고　앞에는　사모사(紗帽砂)
안산(案山)이　있으며　청룡과
백호가 칼 등처럼 생긴 긴 혈
을 감싸고 국을 이루니 곤신
(坤申)으로　득위되어　부귀가
연면하고　자손도　흥왕하다고
하였다.

○ 태양혈(太陽穴) 득위출살도(得位出殺圖)

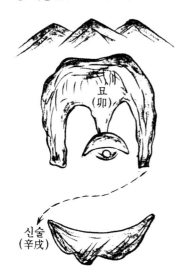

왼편 그림은 정 서향 묘좌유향(卯坐酉向)에서 좌편물(左水)이 우편(右便) 신술(辛戌) 방으로 흘러 나가고 앞에는 박쥐 모양의 안산이 있다. 「태양혈」은 소반처럼 생겨서 혈심(穴心)이 허하나 그래도 갑묘좌(甲卯坐)를 놓으면 득위를 하여 높이 벼슬에 오르고 부귀 대왕하다고 한다.

○ 태음혈(太陰穴) 득위출살도(得位出殺圖)

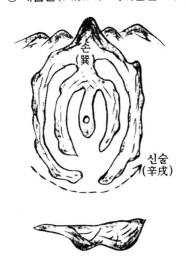

왼편 그림은 손사좌(巽巳坐)에 건해향(乾亥向)이다. 우수(右水)가 좌측 신술방(辛戌方)으로 흘러나가고 앞에는 천마산(天馬山)이 조안(朝案)을 하고 있다.

태음혈성(太陰穴星)은 본시 「목」(木)에 속하여 유두(乳頭)가 짧고 외로우나 손사좌(巽巳坐)를 하면 득위를 하여 자손이 부귀하고 또한 재복이 길이 오래 간다고 한다.

○ 중양혈(中陽穴) 득위출살도
(得位出殺圖)

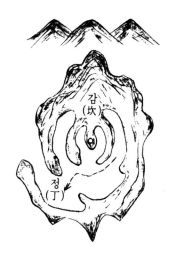

이 혈은 감좌(坎坐)에 이궁(离宮)향이다. 좌수(左水)가 우측 정미방(丁未方)으로 흘러 나가고 앞에는 뾰족한 봉우리가 화형(火形)으로 조안(朝案)을 하여 수화기제(水火旣濟) 혈이라 하는데, 이렇게 되면 혈은 대개 높이 있고 정면에 있는 문봉(文峰)이 곧게 빼어나 대귀(大貴)와 대현(大賢)이 끊임없이 이어진다고 한다.

○ 중음혈(中陰穴)
득위출살도
(得位出殺圖)

이 혈은 이좌감향(离坐坎向)에 좌수(左水)가 우편 계방(癸方)으로 흘러 나가고 앞에는 운수(雲水) 대안(大案)이 상제(相制)를 하고 있다. 이(离)는 화(火)라 혈은 화형(火形)에 맺는데 좌

측 진신수(進神水)가 당에 올라 계방(癸方)으로 흘러 나가면 화염같은 살기가 제어(制禦)되어 반드시 현명한 문신(文臣)이 배출된다고 한다.

○ 소양혈(小陽穴) 득위출살도(得位出殺圖)

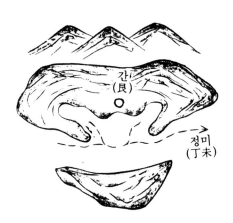

이 혈은 간인좌(艮寅坐)에 곤신향(坤申向)이다. 우수(右水)가 좌로 향하여 정미(丁未)방으로 흘러 나가고 앞에는 삼대안(三台案)이 있다. 간(艮)은 토(土)에 속하여 결혈은 대개 토성각(土星角) 소와(小窩)에 형성되며 간인(艮寅) 좌가 득위를 하여 부귀가 겸전하다고 한다.

○ 소음혈(小陰穴) 득위출살도 (得位出殺圖)

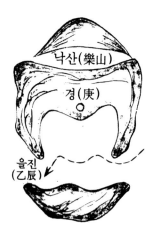

이 혈은 경유좌(庚酉坐)에 갑묘향(甲卯向)이다. 좌수(左水)가 우측 을진(乙辰)방으로 흘러 나가고 앞에는 옥척안(玉尺案)이 있다. 태(兌)는 소음(小陰)이며 금(金)에 속한다. 혈은 대개 와(窩)에서 유(乳)가 형성되고 태괘(兌卦：☱)와 같이 상부가 꺼져서 요뇌(凹腦)라 한다. 이

렇게 되면 반드시 낙산(樂山)을 벼게 삼고 경유(庚酉) 두 글자의
좌(坐)라야 득위가 되며, 이와 같이 득위(得位)가 되면서 좌수(左
水)가 을진(乙辰)방으로 나가면 부귀가 흥왕하다고 한다.

11. 대소지(大小地)를 보는 법

  옛 산서에서 이르기를 대체로 부귀를 겸비하는 명당대지(明堂
大地)는 진룡(眞龍)에 진혈(眞穴)이 되어야 한다고 이르고 있다.
여기서 말하는 진룡(眞龍)과 진혈(眞穴)이란 고대하고 수려한 조
산(祖山)에서 발맥한 생용(生龍)이 넓은 장막(帳幕)의 중심을 개
자 모양으로 뚫고 뻗어 오면서 홀연히 일어났다(起) 엎드리고
(伏) 또 컸다 작았다 하면서 굴곡(屈曲)과 과협(過峽)이 있고, 그
머리가 방정하며 활동적이라야 한다고 이르고 있다. 그리고 좌청
룡(左靑龍)과 우백호(右白虎)는 겹겹으로 둘러싸고 흘러 오는 물
도 옥대(玉帶)를 두른듯이 금성수(金城水)를 이루며, 가는 물 수
구(水口)는 작은 산이나 암석(岩石)이 막아 은은히 유정하고 아
울러 전후 좌우의 여러 사(砂)들은 모두 정다워야 한다. 그리고
혈(穴)은 대개 멀리서 뻗어 온 용에는 멀리 와서 결혈(結穴)되고
가까이서 뻗어 온 용에는 가까이서 혈이 맺어지는데 그 결혈(結
穴)됨이 천태만상이라 해도 모두 앞에서 열거한 이 격(格)에서
벗어나지 않는다고 한다.

  그리고 평범한 소지(小地)에서는 길흉화복이 물에 달렸으니 한
혈지(穴地)에 이르러서 용(龍)의 생왕(生旺)과 혈(穴)의 귀천을
논하지 말고 다만 물의 흐름을 살펴서 입향(立向)을 하되 다만
사절(死絶)을 범하지 말고 황천(黃泉)과 충생(冲生), 파왕(破旺)

등 대살(大殺)을 피하면 재앙도 없고 절사(絶嗣)도 안 된다. 그저 작은 기맥(氣脈)이라도 있으면 대부(大富) 대귀(大貴)는 못 되어도 따뜻하게 배불리 먹고 편안히 지낼 수 있으리라 하였다.

제 6 장
장법(葬法)과 장지(葬地)

장법(葬法)과 장지(葬地)

1. 명당(明堂)이란 어떤 곳인가

산에 햇빛이 잘 드는 곳을 명(明)이라 하고 물이 모여 흐르는 곳을 당(堂)이라 이르며 이를 함께 묶어 명당(明堂)이라 하는데, 이는 곧 아주 좋은 묘지(墓地)나 집터같은 곳을 뜻한다.

옛 산서(山書)에서 묘지 풍수의 요체는 용(龍)·혈(穴)·사(砂)·수(水)의 사상(四相)에 있고, 길흉화복(吉凶禍福)의 기틀은 오고(得水) 가는 물(破口)을 위주로 하여 생기(生氣)를 타고 입향(立向)을 하는 데 달렸다고 하였다. 이를 다시 한 번 간략하게 요약하면, 주산(主山)은 풍만하고 수려하면서 세찬 바람을 막아주고, 내룡(來龍)은 강왕하면서 기복(起伏)과 변화가 있고, 입수용맥(入首龍脈)에는 산천의 정기(精氣)가 모여지고, 청룡(靑龍)과 백호(白虎)는 유순하면서 포용하고, 결혈지(結穴地)에는 생기(生氣)가 융결(融結)되고, 안산(案山)과 조산(朝山)은 단정하게 조응(朝應)을 하고, 안수(案水)는 고요하게 모여서 혈(穴)을 감싸고 구불구불 멀리서 보일듯 말듯 흘러가고, 전후 좌우에는 아름다운 길사(吉砂)들이 나열(羅列)하면 명당(明堂)이 된다고 이르고 있으나, 이론상으로는 쉬워도 하나같지 않은 지세(地勢)와 천태만상(千態萬象)으로 생긴 지형(地形)에서 명당(明堂)을 찾아 길흉과

이해를 추상(推想)하고 추정(推定)하는 풍수술(風水術)이란 보통
사람으로서는 여간 어려운 일이 아니다. 이론적으로도 학설이 구
구하고 또한 실재적으로 직접 관찰하는 견해도 서로가 다를 수 있
으며, 아울러 자칫하면 착오를 범하기가 쉬운데 여기에다 음양 오
행의 개념과 조화의 원리를 투영(投影)하게 되니 참으로 가리기
가 어려운 것이 명당 자리가 아닌가 생각된다.

이 대지(大地) 위에는 명산길지(名山吉地)도 있고 악산흉지(惡
山凶地)도 있는데, 명산길지에는 음양오행(陰陽五行)에 상합(相
合)하여 만물이 번성하고, 악산흉지에는 음양오행이 상충(相冲)되
어 만물이 쇠잔해진다고 한다. 이와 같은 맥락에서 우리 겨레는
오랜 유교(儒敎)사상과 함께 풍수(風水)사상이 뿌리깊게 전승(傳
承)되어 오면서 아직까지는 조상의 묘를 명당 길지에 잘 모셔야
후손이 발복(發福)하고 흥왕(興旺)하는 것으로 생각하는 경향이
지배적이기는 하나 근래에 와서는 지리에 밝은 현명한 지사(地
師)를 만나기가 어렵고, 또한 제한된 산지(山地)에다 이미 분묘는
총총히 들어 있으니 더욱 「명당」을 찾아 가리기가 어렵다.

이래서 자기집 구산(求山)은 당사자들이 직접 여러 서적들을
탐독하고 연구하여 산천을 두루 답사하면서 마음 가는 곳을 선정
하여 현명한 지사(地師)에게 다시 자문을 구하고 있음을 흔히 볼
수 있으나, 본시 대지(大地) 명당(明堂)이란 찾아 내기도 어렵지
만 천지신령(天地神靈)이 맡고 갈무린 곳이 되어서 쉽게 구할 수
가 없다.

이래서 너무 명산(明山) 대지(大地)에만 집착되어 「명당」을 구
하려다 작은 길지(吉地)도 얻지 못하는 수가 있으니 크고 작은
것에 구애를 말고 겸허한 마음으로 구산(求山)에 임해야 한다.
「명당」의 자리는 꼭 넓은 곳이라야 좋은 것은 아니다. 당(堂) 주

위의 용맥(龍脈)을 잘 보고 우아하고 깨끗한 혈지(穴地)를 가려서 음습(陰濕)하지 않고 세찬 바람이 불어 닿지 않으면 물의 흐름을 주의깊게 관찰하여 왕생방(旺生方)을 찾고 좌향(坐向)을 정돈하여서 「명당」의 명지인지 아닌지를 가리면 무방하리라.

비록 작은 땅이라도 덕을 닦은 공이 있으면 정혈(正穴)을 얻어서 능히 발복(發福)하고 장구히 보전할 수 있으니 꾸준히 관심깊게 정성을 다하면 명지(明地)를 얻으리라.

2. 복인(福人)과 길지(吉地)

예부터 많은 사람들이 명산길지(明山吉地)를 구하고자 하나 그 명산길지를 얻는다는 것은 그리 쉬운 일이 아니다.

옛 훈화(訓話)에 "복인(福人)이 되어야 좋은 명지(明地)를 만난다."라고 하였는데, 여기서 복인이란 선천적(先天的)으로 타고난 수복강녕(壽福康寧)의 복을 이르는 것이 아니라 후천적(後天的)으로 자기 자신이 근면성실하게 부단히 노력하면서 남에게 알려지지 않은 덕행(德行)을 많이 한 음덕가(陰德家)를 복인(福人)이라 한다. 다시 말하면 권세 높은 사람은 권세 약한 미천한 사람을 보호하고, 돈 많은 부자는 돈 없는 가난한 사람을 구호하고, 평범한 보통사람이면 슬픔에 젖어 있는 사람을 위안하고, 연세 높은 노인을 보면 친 부모와 같이 공경하고, 연약한 어린이를 보면 자기 자식과 같이 사랑하면서 사람들과 더불어 즐거움을 함께 하고, 바른 손이 하는 일을 왼손이 모르게 하고, 덕을 베풀되 그것을 기억함이 없이 행해야 음덕이 된다고 옛 경전(經典)에서는 이르고 있다.

그리하여 후덕한 복인이 못 되면 설령 넓은 산을 가졌다 해도 길지(吉地)를 찾아 얻기가 어렵고, 또한 요행이 명지(明地)를 얻었다 해도 발복(發福)을 받지 못하고 도리어 재화(災禍)를 다하는 사례가 허다히 있다. 그 이유는 천신(千神)이 불응(不應)하여 재혈(裁穴)과정에서 우연히 본의 아니게 과오를 범하게 되고 아울러 길한 것이 흉한 것으로 변하기 때문이라 한다.

일찍이 공자(孔子)도 "선행(善行)을 많이 한 사람에게는 하늘이 복(福)으로써 보답하고 이와 달리 악행(惡行)을 한 사람에게는 화(禍)로써 갚는다."라 하였다.

이를 다시 되풀이하면 명산길지는 복인이 되어야 얻어서 길이 보전을 하고, 그렇지 못하면 요행이 길지를 얻는다 해도 이장(移葬)을 하거나 가질 수 없는 일이 생기게 된다고 한다.

우리가 흔히 볼 수 있는 것은 많은 사람들이 내왕하는 야산 길가에서도 명지를 얻고 순박한 나무꾼들이 명산을 잡기도 하는데 이는 백신(百神)이 소장(所藏)하고 있다가 후덕한 사람에게 그 대지(大地)와 명사(明師)가 함께 주어지는 것이라 한다.

이래서 명산 길지를 구하는 근본은 모름지기 복인(福人)이 되도록 덕행(德行)을 하고 음덕(陰德)을 쌓아야 명지를 얻어서 길이 발복하고 영구히 보전할 수 있다는 것을 독자는 유념하기 바란다.

3. 장법(葬法)과 지사(地師)

세계 각국의 장법(葬法)이 각각 상이하고 다양하나 대개 5개 유형으로 이루어지고 있다.

5개 장법은 매장(埋葬)을 비롯하여 화장(火葬), 풍장(風葬), 수장(水葬), 조장(鳥葬) 등으로 이루어지는데 인류의 문명에 따라 선진국들은 매장과 화장을 위주로 하고 후진국에서는 풍장이나 수장, 조장 등을 실시하고 있다.

매장은 한국을 위시하여 중국, 일본 등과 그 외 서구 선진국 귀족들이 매장을 위주로 하고 있다.

화장은 인도, 일본 등과 기타 여러 나라에서 실시하고, 조장은 네팔, 부탄국 등에서 실시하며, 수장은 주로 남아연방의 열대지방에서 실시하고, 풍장은 몽고와 그 외 한대지방(寒帶地方)에서 행하였으나 지금은 대개 매장이나 화장을 실시하고 있다.

장법에서 매장을 제외한 화장이나 조장, 풍장, 수장 등은 실재가 없기 때문에 그 자손에게 미치는 영향이 덕도 없고 해도 없는 무해무덕(無害無德)한 것으로 보고 있다. 그러나 오직 매장만은 실재(實在)하는 것이 되어 조상의 영기(靈氣)와 자손의 생기(生氣)가 상통하여 그대로 곧 자손의 현실에 발현(發現)이 되기 때문에 비록 좋은 자리가 못 된다 해도 타 장법보다는 낫다고 한다.

옛 문헌에 보면 세종(世宗) 때 기건(奇虔)이 제주(濟州) 목사(牧使)가 되어 부임해 보니 제주의 풍속은 시체를 매장하지 않고 그대로 동굴에 버리고 있었다.

기건이 관청에 관곽을 준비해 두고 초상이 나게 되면 염습(殮襲 : 죽은 사람의 몸을 씻긴 다음 옷가지를 입히는 것)과 매장하는 장례법을 가르쳐 이 때부터 제주도에 매장하는 장례법이 시작되었다고 한다. 하루는 꿈에 300여명이 나타나 당 아래 뜰에서 절하고 "공의 은혜로 저희들의 뼈가 비바람에 드러나는 것을 면했습니다."라며 극진한 인사를 했다고 한다.

현재 우리 나라에서도 일부 화장을 실시하고는 있으나 대부분 매장을 선호하고 있다.

경북대 이몽일(李夢日) 교수의 연구 논문 통계에 의하면 장례

의 유형에서 매장을 하겠다는 비율이 75%를 차지하고 있었으며,
장지 선정에서는 산소를 좋은 곳에 모셔야 후손이 잘 된다고 생각
하는 비율이 64%를 점유하였고, 장지 선택에서는 개인 묘지나 가
족 묘지를 선택하겠다는 비율이 59%이고, 종교 단체의 집단 묘지
나 공원 묘지 등을 선택하겠다는 비율이 16%나 되었다.

특히 산소 자리는 산천의 형세가 구구하고 여기에다 음양 오행
의 이기(理氣)와 조화의 원리를 투영(投影)하여 가려야 하므로
여간 어렵지 않다. 이래서 반드시 지리에 밝은 어진 지사(地師 :
풍수)를 만나야 한다. 모름지기 터를 얻기가 어려운 것이 아니라
현명한 지사를 얻기가 더욱 어렵다고 본다.

대개 현명한 지사를 잘 만나면 좋은 자리를 구하기가 그리 어
렵지도 않으나 지리에 밝은 고명한 지사를 얻지 못하면 늘 다니는
자기 소유의 산 길섶에 좋은 자리가 있다손 치더라도 얻을 수 없
으며, 설령 얻었다 해도 자칫하면 올바른 정혈(正穴)을 벗어날 수
있을 뿐 아니라 십중팔구 장법을 어기기가 쉽다고 하니 최후까지
정성을 다하기 바란다.

4. 시신(屍身)은 평안하게

일찍이 공자(孔子)는 "산소의 자리를 잘 가려서 부모의 유체
(遺體)와 혼백(魂魄)을 평안하게 잘 모셔야 효자(孝子)라"하셨
고, 정자(程子)는 "산소의 자리를 가리려면 먼저 그 땅의 길흉(吉
凶)부터 가리라. 땅이 아름다우면 신령(神靈)이 편안하고 따라서
자손도 평안하다. 이는 마치 나무의 뿌리를 북돋우면 그 가지와
잎이 무성하는 것과 같이 조상과 자손은 신령스러운 기운이 상통
하여 신령이 평안하면 자손도 평안하고 부조(父祖)의 신령이 불

안하면 그 자손도 불안하다."라고 하였다.

주자(朱子)는 또 "장사(葬事)라는 것은 그 조상이나 부모의 유체(遺體)를 땅 속에 편안히 모시는 것인데, 자손으로서 조상과 부모의 유체를 편안히 모시려면 반드시 조심스럽게 정성을 다하여 편안하게 영구히 잘 보존될 수 있도록 하라. 또한 그렇게 함으로써 자손도 길이 발복하여 대대로 번성하고 제사를 받드는 이가 끊이지 않을 것이다. 만일 이와 달리 정성스러이 좋은 자리를 가리지 못하고 불길하면 반드시 물이 고이거나 나쁜 벌레 등속이 침입하여 시신(屍身)을 해치게 된다. 이렇게 되면 신령도 불안하고 아울러 그 자손도 재화(災禍)를 입거나 후사(後嗣)가 끊어지는 근심이 생길 수도 있으니 심히 두려운 일이다."라 이르고 있다.

이와 같이 옛 성현들이 산소의 중요성을 설파하고 열거하였으니 후손된 도리로서 가장 신중을 기하고 모름지기 정성을 다해야 할 막중한 일이라 생각된다.

5. 가분묘(假墳墓)의 설정

빈손으로 왔다가 빈손으로 가는 우리 인생! 이 넓은 대지 위에 아무 데나 자기의 육신이나 부모의 유체(遺體)를 함부로 묻고 싶은 사람은 없을 것이다.

그리고 자식된 마음 부모 생전에 다하지 못한 효도를 돌아가신 뒤라도 보답하고자 편안히 모시려는 그 심정은 예나 지금이나 다를 바 없다.

그런데 우리가 갑자기 하루 아침에 상고(喪故)를 당하여 오열(嗚咽) 속에서 장지를 구한다는 것은 그리 쉬운 일이 아니다. 어느 집에서는 효성이 지극하여 천우신조(天佑神助)로 산신령이 현

몽(現夢)하여 명산(明山)을 얻었다고도 하며, 어느 자손은 범과 사슴같은 짐승이 산소 자리를 인도하여 명당 자리를 얻었다고는 하나 요행으로 좋은 자리를 얻게 되면 그런 다행함이 없겠으나 불행하게도 촉망 중에 불길한 자리가 가려지게 되어 물이 숨어들거나 자갈, 잡석(雜石) 등이 많이 나오게 되면 이는 부모를 흡사 진 구렁이나 돌무덤에 버리는 격이 되어 불효 막심함은 물론이거니와 그 흉해(凶害)가 곧 자손에게 미친다고 하니 정성을 기울이지 않을 수 없다.

본시 묘지(墓地) 풍수(風水)는 학술론에서도 분분다설(粉粉多說)하고 직접 산을 관찰하는 데도 지사(地師)들 간에 견해를 달리하여 착오를 일으키기가 쉬우니 여유를 가지고 지리에 밝은 어진 명사(明師)를 미리 구하여 사후 안식처 즉 신후지지(身後之地)를 결정하여 가분묘(假墳墓)를 설정하는 것도 좋은 방법이라 본다.

대개 자손들이 솔선하는 일도 많지만 연만한 당사자가 주관하여 사후 후손들에게 발복이 되었음은 하는 바램도 크고, 또한 짧은 장례 일정에 자손들의 편의를 도모하는 일도 되며, 아울러 뒷날 여유를 가지고 아무 후회없이 안장(安葬)할 수 있는 좋은 일이라 본다. 풍수지리에서도 가분묘(假墳墓)의 설정은 무방한 것으로 보고 있다.

6. 각종 흉염(凶炎)

음양의 순환으로 한열(寒熱)이 생기고 풍수(風水)의 왕래로 각종 변화가 생기게 되는데 지상지하를 막론하고 삼라만상은 각양각색으로 변하고 있다.

그리하여 지하에 있는 시신(屍身)도 지형과 지세에 따라 풍수(風水)의 영향을 받고 변하면서 각종 흉염(凶炎)이 생긴다고 한다. 그러나 명당으로 보국(保局)을 이룬 혈지(穴地)에서는 바람과 물이 침입을 못하여 시체나 혼백이 황골(黃骨)로 잘 보전되고 있으나, 흉지에는 바람과 물이 침입하여 각종 흉염(凶炎)이 생겨서 체백(體魄:시체와 혼백)이 불안하게 되고 아울러 그 자손도 늘 불안하다고 한다.

○ 수염(水炎)

수염이란 묘지(墓地) 광중(壙中)에 물이 스며들어 한기(寒氣)가 가득 차 있는 것을 수염(水炎)이라 한다.

대개 수염이 드는 곳은 지하의 팔요수(八曜水)의 물길이 닿거나 또는 흙과 돌에 강유(強柔)의 차가 심한 무맥지(無脈地)같은 곳이라 하며, 수염(水炎)이 생기는 곳에 장사(葬事)를 하게 되면 그 자손에게 미치는 영향은 대개 병패(病敗)와 인패(人敗) 수가 생긴다고 한다.

○ 화염(火炎)

화염이란 묘지 내에 풍열(風熱)이 극심하여 체백(體魄)이 숯덩이처럼 까맣게 변하는 것을 화염이라 한다.

화염이 드는 곳은 험악한 산세에 좌우의 고저(高低)가 심하거나 팔로풍(八路風)이 닿는 곳에 많이 든다고 하며 「화염」이 들게 되면 자손에게 미치는 영향은 대개 재패(財敗)와 인패(人敗)가 따른다고 한다.

○ 목염(木炎)

목염(木炎)은 묘지 광내(壙內)에 나무 뿌리가 가득차 있는 것을 목염(木炎)이라 한다.

목염이 잘 드는 곳은 기운 없이 흩어진 산자락이나 사토(死土)로 형성된 지점에 많이 든다고 하며 자손에게 미치는 영향도 대개 재패와 병패가 따른다고 한다.

○ 풍염(風炎)

풍염이란 묘지에 몰아치는 바람이 너무 세차서 시신이 변동하거나 검은 빛으로 건조되는 것을 풍염(風炎)이라 한다.

풍염이 드는 곳은 팔로풍(八路風)이 몰아 치거나 산이 등을 지고 돌아 앉은 곳에 세찬 골바람(谷風)이 닿게 되면 풍염이 생긴다고 하며, 풍염이 들게 되면 대개 재패(財敗)의 변고가 발생한다고 한다.

○ 충염(虫炎)

충염이란 관 속에 곤충류(昆蟲類)가 생기는 것을 충염이라 한다.

충염이 드는 곳은 용맥이 없는 무맥지점(無脈地點)과 음습(陰濕)한 곳 그리고 음풍(陰風)이 상충(相冲)되는 곳에 많이 생긴다고 하며, 자손에 미치는 영향은 대개 병패(病敗)와 인패(人敗)가 발생한다고 보고 있다.

○ 모염(毛炎)

모염이란 짐승의 털과 같은 가는 털이 체골(體骨)에 가득 차 있는 것을 모염(毛炎)이라 한다.

모염이 드는 곳은 대개 음습(陰濕)한 땅이나 무맥(無脈), 사토(死土)로 되어 있는 곳에 많이 든다고 하며 자손에 미치는 영향은 재패(財敗)와 병패(病敗)수가 생긴다고 한다.

○ 수염(獸炎)

수염이란 광내에 쥐나 뱀같은 것이 생겨 서식(棲息)하는 것을 수염(獸炎)이라 한다.

수염이 드는 것은 그늘진 골짜기나 음지를 이루는 곳과 순 음절지(陰節地)에 흉한 짐승처럼 생긴 사격(砂格)이 있는 곳에 생기며, 수염이 들게 되면 인패와 병패가 발생한다고 한다.

○ 순염(筍炎)

순염은 광내에 죽순(竹筍)과 같은 것이 솟아 있는 것을 순염(筍炎)이라 한다.

순염이 드는 곳은 한열(寒熱)의 차가 심한 습지(濕地)로 되어 있는 곳과 음기(陰氣)가 집결되어 있는 무맥지(無脈地)에 많이 생기며, 자손에게 미치는 영향은 질병이 많이 발생하는 것으로 본다.

끝으로 물이 잘 스며드는 곳은 묘좌(墓坐)가 진술축미(辰戌丑未)이거나 또는 자오묘유(子午卯酉)일 경우 정면으로부터 흘러오는 물줄기가 있으면 묘쓴지 3년 안에 침수가 된다고 하며, 그리고 구 봉분(封墳) 좌우에 청태(靑苔)가 끼어 있으면 침수가 된 것으로 보고 있다. 또한 대체로 입수용맥(入首龍脈)이 마당처럼 넓고 평탄하면 침수가 잘 된다고 하니 유의하기 바란다.

이상과 같이 관(棺) 속에 각종 흉염(凶炎)이 발생하게 되면 체백(體魄)이 불안하고 체백이 불안하면 영기(靈氣) 또한 불안하여 자손에게 각종 재화가 발생된다고 하니 부모님의 만년 유택인 묘지는 자손된 도리로서 조금도 소홀히 할 수가 없다.

만 부득이 사정이 여의치 못하여 명지를 가리지 못하고 아무 곳이나 장지를 정하여 흉화를 입기보다는 차라리 화장(火葬)으로 치르는 것이 오히려 무해무득(無害無得)하다고 하니 바람직한 일이 아닌가도 생각된다.

7. 나침반(羅針盤)의 사용법

나침반의 유래와 제작자에 대해서는 정확히 알 수 없으나 대략 옛 글을 상고해 보면 그 모양과 용법은 같지 않아도 멀리 상고시대(上古時代)부터 사용해 오면서 수정하고 전래하여 온 것이 현재 사용하고 있는 나침반이다.

나침반 중앙의 붉은 머리 바늘은 항상 언제 어디서나 정 남북(南北)을 가리킨다 하여 지남침(指南針)이라 하기도 하고, 일명 나경(羅經) 또는 패철(佩鐵)이라 이르기도 하며 종류도 다양하다. 각자 사용 목적에 따라 그 모양도 상이하나 현재 지사(地師)들이 보통 사용하고 있는 것은 팔괘(八卦), 12지지(地支), 24산(山), 60 간지(干支) 등이 동심원(同心圓) 내에 새겨져 있어서 방위 측정 용으로는 적합하다. 동심원(同心圓)이 36개인 것도 있다고는 하나 시중에는 동심원이 여섯 개 내지 아홉 개가 그어진 것들이 흔하며 또한 이것이 가장 실용적이다.

특히 사용시 유의할 점은 지남침이 쇠붙이에 민감하기 때문에 방위를 측정할 때에는 반드시 쇠붙이와 최소한 3~5미터 이상은 이격이 되어야 정확성을 기할 수 있다.

우리가 어떤 위치적 방위를 측정할 때에는 나침반을 고정된 위치에 바르게 놓고 내반(內盤)의 (제4선층) 24방위 문자 가운데서 자자(子字)와 오자(午字)에 지남침(指南針)을 정일직선으로 맞춘 다음 해당 방위의 문자를 찾아서 읽으면 된다.

다시 말하면 산을 측정할 때 정북에서 내려온 산에서는 임자(壬字)나 자자(子字)가 나오고, 정남에서 내려온 산에서는 병자(丙字)나 오자(午字)가 나올 것이다. 어느 지점이든 24방위 중 해당 방위의 문자가 나오는 그 방위가 곧 그 지점의 방위가 된다.

따라서 모든 방위의 측정은 이와 같은 방법으로 측정하면 되는데 방위의 측정에는 무엇보다 정확을 기해야 한다.

(1) 제 1 선층

제 1 선층에서는 문왕팔괘(文王八卦) 즉 후천팔괘(後天八卦)를 명시하고 있다. 이는 양(陽)에 속하여 부(夫)라 하고 천(天)이라 하며, 외천반(外天盤 : 제 8 선층)의 봉침(縫針)에 상응하여 풍수지리의 아버지 격이라 한다.

(2) 제 2 선층

제 2 선층에서는 선천팔괘(先天八卦) 즉 복희팔괘(伏羲八卦)를 명시하고 있다. 이는 음(陰)에 속하여 부(婦)라 하고 지(地)라 하며 내지반(內地盤 : 제 4 선층)의 정침(正針)에 상응하여 풍수지리의 어머니 격이라 한다.

(3) 제 3 선층

제 3 선층에서는 용상팔살(龍上八殺)과 팔요수(八曜水)의 방위를 함께 명시하고 있다. 용상팔살(龍上八殺)은 내룡(來龍)을 기준하여 8개 용신(龍身)을 극제(剋制)하는 관귀성(官鬼星) 방위를 이르는데 상세한 것은 본문 「용상팔살」항을 참조하라.

○ 용상팔살(龍上八殺)과 팔요수(八曜水)방위

임자계 (壬子癸)	축간인 (丑艮寅)	갑묘을 (甲卯乙)	진손사 (辰巽巳)	병오정 (丙午丁)	미곤신 (未坤申)	경유신 (庚酉申)	술건해 (戌乾亥)
진 (辰)	인 (寅)	신 (申)	유 (酉)	해 (亥)	묘 (卯)	사 (巳)	오 (午)

「용상팔살」은 용(龍)을 기준하여 임자계(壬子癸) 감룡(坎龍)에는 진향(辰向)이 되고, 진손사(辰巽巳) 손룡(巽龍)에서는 유향(酉向)이 되며, 술건해(戌乾亥) 건룡(乾龍)에서는 오향(午向) 등등이 각각 용상팔살에 해당되는데 이하 같은 방법으로 보면 된다.

「팔요수」는 묘좌(墓坐)를 기준하여 추정하고 있다.

본시 물은 높은 곳이나 낮은 곳을 막론하고 지하수(地下水)가 생겨 나오게 되어 있다. 이래서 지지(地支) 여덟자(八字)를 팔괘(八卦)의 방위에다 각각 배정하여 팔요수(八曜水)가 생겨 스며드는 방위를 알기 쉽게 지정 표시한 것이다. 이는 혈좌(穴坐)를 기준하여 제 4 선층에 명시된 임좌(壬坐)나 자좌(子坐), 계좌(癸坐)에서 제 3 선층을 내려다 보면 진방(辰方)을 표시하고 축(丑), 간(艮), 인(寅)좌(坐)에서는 인방(寅方)을 명시하고 있다. 가령 나침반 제 4 선층에 표시되어 있는 임좌(壬坐)나 자좌(子坐) 또는 계좌(癸坐)의 경우 제 3 선층에 명시된 진방(辰方)을 묘지 중심으로부터 2~3m 떨어진 지점을 유심히 관찰하여 본다. 만일 이곳 지점이 음습하고 무르거나 꺼지게 되면 팔요수(八曜水)가 생겨나 묘지에 물이 스며들어 고이게 된다고 본다.

이하 다른 좌산(坐山)에서도 같은 방법으로 보면 되는데 만일 「팔요수」가 묘지에 스며들게 되면 크게 흉하여 패절(敗絶)에까지 이른다고 하니 각별히 유의하기 바란다.

뿐만 아니라 「팔요수」 방위의 득수(得水)와 파구(破口)도 모두 함께 크게 꺼리고 있다.

팔요수(八曜水) 방위도

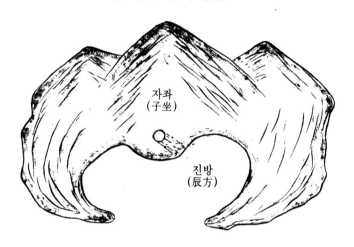

자좌
(子坐)

진방
(辰方)

(4) 제 4 선층

제 4 선층에서는 12지지(地支)에 사유(四維) 즉 건(乾), 간(艮), 손(巽)과 10천간(天干)에서 무기(戊己) 중앙토(中央土) 두 글자를 뺀 팔간(八干) 곧 갑(甲), 을(乙), 병(丙), 정(丁), 경(庚), 신(辛), 임(壬), 계(癸)를 첨가하여 24방위의 쌍산정합(雙山正合)을 명시하고 있다.

그리고 음양을 구별하기 위하여 적색(赤色)과 흑색(黑色)으로 표시된 것도 있는데, 이 적색의 문자는 양(陽)을 뜻하고, 흑색의 문자는 음(陰)을 표시한 것이다.

다시 말하면 적색 표시는 천기(天氣)가 가장 많이 아래로 임하는 12양방(陽方)이 되고, 흑색 표시는 지기(地氣)가 가장 많이 위로 오른다는 12음방(陰方)이 된다. 또한 여기에는 음양이 상응(相應)하고 바람과 물이 교합(交合)하는 대자연의 신묘(神妙)한 이법(理法)이 모두 담겨져 있다고 한다.

이래서 제 4 선층을 내지반(內地盤) 정침(正針)이라 하고 이는 음(陰)에 속하여 부(婦)라 한다. 내지반(內地盤) 정침으로는 24산 (山)의 용맥(龍脈)을 측정하여 무슨 용인가를 구분하고, 또 입혈 (立穴)시 혈좌(穴坐)를 결정하는 데 쓰고 있다.

(5) 제 5 선층

제 5 선층에서는 소황천(小黃泉)을 명시하고 있다. 일명 충록황 천(冲祿黃泉)이라고도 하는데, 이는 입향(立向)을 기준하여 향상 (向上)의 녹위(祿位)로 물이 흘러 나가게 되면 임관(臨官) 녹위 (祿位)를 충파(冲破)하여 극히 흉한 것으로 본다. 제 5 선층에 명 시된 바와 같이 을진향(乙辰向)에서는 갑묘파(甲卯破)를 꺼리고, 정미향(丁未向)에서는 병오파(丙午破)를 꺼리고, 신술향(辛戌向) 에서는 경유파(庚酉破)를 꺼리고, 계축향(癸丑向)에서는 임자파 (壬子破)를 꺼린다고 명시하고 있다.

(6) 제 6 선층

제 6 선층에서는 사고황천(四庫黃泉)이라 하여 진술축미(辰戌丑 未)에 관대위(冠帶位)가 닿고 혹 이곳 방위에 물이 흘러와 모이 거나 나가게 되면 모두 사고황천수(四庫黃泉水)가 되어 크게 흉 한 것으로 본다.

(7) 제 7 선층

제 7 선층에서는 팔대황천수(八大黃泉水) 방위를 명시하고 있다. 오고 가는 물에 따라 구빈(救貧)과 흉살(凶殺)이 구분되기도 하 는데 상세한 것은 본문 대황천(大黃泉)과 소황천(小黃泉)항을 참

조하라. 갑(甲) 경(庚) 병(丙) 임(壬)향을 하고 건(乾) 곤(坤)
간(艮) 손(巽)의 임관녹수(臨官祿水)가 흘러오는 득수(得水)가
되면 구빈황천(救貧黃泉)이 되어 귀하게 보나 이와 달리 흘러나
가는 파구(破口)가 되면 황천살수(黃泉殺水)가 되어 흉하게 본다.
또 을(乙) 신(辛) 정(丁) 계(癸)로 입향(立向)을 하고 건(乾) 곤
(坤) 간(艮) 손(巽)의 절위(絶位)로 나가는 물은 구빈황천(救貧
黃泉)이 되어도 절태방위(絶胎方位)에서 흘러온 물이 생양방위
(生養方位)로 흘러 가도 황천살수(黃泉殺水)가 된다고 한다. 상세
한 것은 대황천(大黃泉)과 소황천(小黃泉) 항을 참조하기 바란다.

⑻ 제 8 선층

　제8선층은 외천반(外天盤)의 봉침(縫針) 24방위를 명시하고
있다. 외반봉침(外盤縫針)은 천간자(天干字)를 위주로 하여 양
(陽)에 속하고 부(夫)가 되며 이는 제4선층 내반정침(內盤正針)
의 중심이 되고 내반정침(內盤正針)은 지지자(地支字)를 위주로
하여 외반봉침(外盤縫針)의 중심이 되고 있다. 특히 선천내반(先
天內盤)의 정침(正針)과 후천외반(後天外盤)의 봉침(縫針)에는
천지변화(天地變化)의 무궁한 묘법(妙法)이 담겨져 있다고 한다.
　내반정침(內盤正針)과 외반봉침(外盤縫針)을 자세히 대조해 보
면 내반정침(內盤正針)의 자자(子字)가 외반봉침(外盤縫針)의 임
(壬) 자(子) 두 방위를 봉(縫)하여 외반봉침(外盤縫針)의 임(壬)
자(子) 두 글자 사이의 중심이 내반정침(內盤正針)의 자방(子方)
이 되고, 내반정침(內盤正針)의 임(壬) 자(子) 방 중심이 외반봉
침(外盤縫針) 임방(壬方)의 중심이 되고 있다.
　이 24방위의 위치를 360도(度)에서 나누어 보면 0(零)도 지점
이 곧 360도 지점으로서 내반정침(內盤正針)의 정자방(正子方)이

되고, 아울러 내반(內盤)의 정 자방(子方) 위치는 360도 중에서
352.5도와 7.5도 사이가 내반정침(內盤正針)의 자방(子方)이 되
며, 345도에서 360도 사이는 외반봉침(外盤縫針)의 임방(壬方)이
되고 있다.

이와 같이 360도는 내반정침과 외반봉침을 나누는 기점(基點)
이 되고, 따라서 내반정침 12지지(地支)의 각 간격은 30도씩이며,
외반 12천간(天干)의 각 간격도 30도씩이다. 그리하여 천간(天干)
과 지지(地支)의 간격은 각각 15도가 된다.

대개 선천내반정침(先天內盤正針)으로는 음택(陰宅)이나 양택
(陽宅)의 용맥(龍脈)을 격정(格定)하는 데 쓰고, 후천외반봉침(後
天外盤縫針)으로는 입향(立向)과 수수(收水), 정향(定向) 등에 쓰
고 있는데 선천내반(先天內盤)은 음(陰)이 되어 체(體)가 되고
후천외반(後天外盤)은 양(陽)이 되어 용(用)이 되어서 음양의 변
화와 체용(體用)의 지대한 묘리(妙理)와 천지조화의 오묘한 이치
가 모두 내포되어 있다고는 하나 그 심오한 원리를 터득하기는 여
간 어렵지가 않다.

(9) 제 9 선층

제 9 선층에서는 봉침(縫針)의 분금법(分金法)을 명시하고 있다.
분금(分金)이란 하관시(下棺時 : 관을 묻을 때) 적용하는 것으
로서 결혈(結穴)이 된 곳에 양기운(陽氣運)(＋)과 음기운(陰氣
運)(－)을 결합(結合)시켜서 완전무결하게 시신(屍身)을 안장(安
葬)하는 것을 분금법(分金法)이라 한다.

다시 말하면 산혈(山穴)의 양기운(陽氣運)과 음기운(陰氣運)을
결합시켜서 불이 오도록 하는 것인데, 만일 전공(電工)이 양선(陽
線)(＋)과 음선(陰線)(－)을 합선만 하여 놓으면 간혹 두 선이

떨어지는 경우가 생기기 때문에 이를 방지하기 위하여 완전무결하게 두 선을 감아두는 것과 같은 이치로 혈지(穴地)에서는 분금법(分金法)을 사용하고 있다. 그 방법도 조금씩 달리 하고는 있으나 근본 원리는 같으며 분금(分金)을 놓을 때 임자(壬子) 정합혈(正合穴)로 가정을 하면 우선(右旋)에서는 지지(地支)인 자좌(子坐)가 되고, 좌선(左旋)에서는 천간(天干)인 임좌(壬坐)가 된다는 것을 「재혈」(裁穴)에서 상술하였으므로 여기서는 생략한다.

가령 우선(右旋) 자좌(子坐)에 분금(分金)을 할 경우에는 나침반(羅針盤)을 관(棺) 중심선에 고정시키고 지남침(指南針)을 자(子) 오(午)로 정확히 맞춘다음 제8선층 오향(五向) 아래 제9선층에 기재된 경오(庚午)와 외반봉침 자자(子字) 아래 제9선층에 기재된 경자(庚子)로 연결되는 중심 직선과 관(棺)의 중심에 상하로 연결되는 직선을 서로 일직선으로 맞추면 정확한 분금(分金)이 이룩된다고 한다(그림 참조).

좌선(左旋) 임좌(壬坐)에서 분금을 할 경우에도 역시 제9선층에 기재된 병자(丙子)와 병향(丙向)의 제9선층에 있는 병오(丙午)에 일치되도록 직선을 만들면 된다고 하는데, 이를 좀더 구체적으로 설명하면 자좌(子坐)의 음기(陰氣)는 임(壬) 쪽의 양기(陽氣)와 가까운 경자(庚子)와 정남방(正南方)의 경오(庚午)를 연결하고, 임입수(壬入首)의 양기(陽氣)는 자(子) 쪽 음기(陰氣)와 가까운 병자(丙子)와 정면방위(正面方位)의 병오(丙午)를 일직선으로 그으면 ×자로 교합(交合)이 되기 마련이다. 이것이 곧 양기(陽氣)(＋)와 음기(陰氣)(－)를 완전하게 합선시켜 끊어짐이 없이 100% 발효토록 하는 것이 분금법이다.

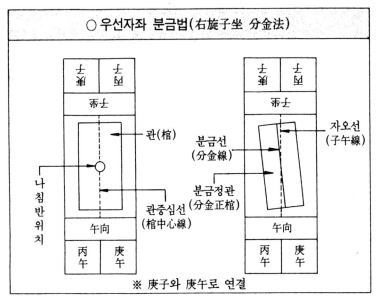

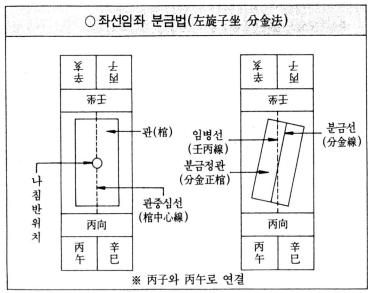

⑽ 제 10 선층

제 10 선층에서는 천상(天上) 24방위의 별 자리를 명시한 천문학(天文學)층이라 여기서는 생략한다.

끝으로 나침반의 사용상 문제점은 없으나 무엇보다 쇠붙이에 민감하니 고압전주나 몸에 지닌 쇠붙이와는 반드시 이격하여 편차에 차질이 없도록 정확을 기하는 데 세심한 주의를 경주해야 한다. 그리고 수목이 무성한 산지에서는 방위를 측정하기가 매우 어려우니 먼저 시계(視界)를 가리는 수목부터 정리를 하고 측정에 임하면 무난하리라.

★신개념 한국명리학총서(전15권)★ (금액 194,000원)

1 행복을 찾고 불행을 막는 점성술

정용빈 편저/신국판 204쪽/정가 12,000원
자연학의 원리를 이용하여 모순을 만나게 되는
것을 알 수 있게 하여 불운을 쫓아내는 것이 육
갑법 점성술이다.

2 손금으로 자기운명 알 수 있다

백준기 역/신국판 252쪽/정가 12,000원
뇌의 中樞神經의 작용이 손에 집중되어 표현되
는 사실을 도해로 설명하면서, 장래의 예지 등을
제시한다.

3 얼굴은 이래야 환영받는다

백준기 역/신국판 240쪽/정가 12,000원
관상의 기본이 되는 三質論의 상세한 해설을 비
롯, 인상의 연령 변화, 복합관상 등, 결과에 따
른 원인을 구명했다.

4 사주팔자 보면 내운명 알 수 있다

정용빈 편저/신국판 380쪽/정가 18,000원
12천성과 음양 오행의 심오한 이치를 누구나 알
기 쉽게 재정립한 사주 명리학의 결정판

5 꿈해몽은 이렇게 한다

정용빈 편저/신국판 250쪽/정가 14,000원
꿈에는 자신의 희미한 성패의 비밀이 숨겨져 있
어 이를 풀이하고, 역사적 인물들이 남긴 꿈들을
수록했다.

6 여성사주로 여성운명을 알 수 있다

진옥숙 저/정용빈 역/신국판 254쪽/정가 12,000원
연애·결혼·건강·사업 등, 동양의 별의 비법이 밝히
는 여성의 운명, 너무도 정확해서 겁이 날 정도
다.

7 풍수지리와 좋은 산소터 보기

정용빈 편저/신국판 262쪽/정가 12,000원
산소 자리를 가려서 육체와 혼백을 잘 모시면
신령(神靈)이 편안하고 자손 또한 편안하다.

※ 출판할 원고나 자료 가지고 계신 분
출판하여 드립니다.
문의 ☏ 02-2636-2911번으로 연락

8 이름감정과 이름짓는 법

성명철학연구회 편/신국판 260쪽/정가 12,000원
기초 지식부터 이름 짓는 방법, 성명감점 방법,
이름으로 身數를 아는 방법 등을 자세히 설명했
다.

9 나이로 본 궁합법

김용호 지음/신국판 334쪽/정가 14,000원
생년·월·일만 알면 생년의 구성을 주로 하여 생월
을 가미시켜 초심자도 알기 쉽게 했다.

10 십이지(띠)로 내 평생 운세를 본다

김용호 편저/신국판 290쪽/정가 14,000원
동양철학의 정수인 간지(干支)와 구성(九星)학을
통하여 스스로의 찬성, 천운, 길흉을 예지하기
쉽게 기술했다.

11 이런 이름이 출세하는 이름

정용빈 편저/신국판 227쪽/정가 12,000원
성명 철리(哲理)의 문헌을 토대로하여 누구나 좋
은 이름을 지을 수 있도록 쉽게 정리했다.

12 오감에서 여성 운세 능력 개발할 수 있다

김진태 편저/신국판 260쪽/정가 12,000원
미각·촉각·후각·청각·시각을 이용하여 교제 능력을
키우고, 자신의 운세를 개발할 수 있도록 했다.

13 신랑신부 행복한 궁합

김용호 편저/신국판 250쪽/정가 12,000원
역리학적인 사주명리의 방법 외에 첫 인상, 관
상, 수상, 구성학, 납음오행 등을 기호에 맞게
기술했다.

14 택일을 잘해야 행복하다

정용빈 편저/신국판 260쪽/정가 12,000원

15 달점으로 미래운명 보기

문(moon)무라모또 저/사공혜선 역/신국판 280쪽/
정가 14,000원

신개념 한국명리학총서 7

풍수지리와 좋은 산소터 보기　　　定價 12,000원

2020年 4月 25日 2판 인쇄
2020年 4月 30日 2판 발행

편 저 : 정 용 빈
(松 園 版)
발행인 : 김 현 호
발행처 : 법문 북스
공급처 : 법률미디어

152-050
서울 구로구 구로동 636-62
TEL : 2636-2911~3, FAX : 2636-3012
등록 : 1979년 8월 27일 제5-22호
Home : www.lawb.co.kr

ISBN 978-89-7535-204-1 04150